Der Krieg

Campus Einführungen

Herausgegeben von
Thorsten Bonacker (Marburg)
Hans-Martin Lohmann (Frankfurt a. M.)

Andreas Herberg-Rothe, Dr. phil. habil., ist Privatdozent am Institut für Sozialwissenschaften der Humboldt Universität zu Berlin.

Andreas Herberg-Rothe

Der Krieg

Geschichte und Gegenwart

Campus Verlag
Frankfurt/New York

Gefördert durch die Deutsche Stiftung Friedensforschung

Die Deutsche Bibliothek – CIP-Einheitsaufnahme

Ein Titeldatensatz für diese Publikation ist bei
der Deutschen Bibliothek erhältlich.
ISBN 3-593-37236-3

Umschlaggestaltung: Guido Klütsch, Köln
Umschlagmotiv: © dpa Bilderdienst
Satz: TypoForum GmbH, Seelbach
Druck und Bindung: Druckhaus Beltz, Hemsbach
Gedruckt auf säurefreiem und chlorfrei gebleichtem Papier.
Printed in Germany

Inhalt

Einleitung: Chamäleon Krieg

> »Der Krieg ist also nicht nur ein wahres Chamäleon, weil er in jedem konkreten Fall seine Natur etwas ändert, sondern er ist auch seinen Gesamterscheinungen nach, in Bezug auf die in ihm herrschenden Tendenzen, eine wunderliche Dreifaltigkeit«.

Mit diesen Worten leitet Carl von Clausewitz, der bis heute bedeutendste Theoretiker des Krieges und der Kriegführung, seine abschließenden Überlegungen zur Theorie des Krieges ein. Diese drei Tendenzen der »wunderlichen Dreifaltigkeit« sind die ursprüngliche Gewaltsamkeit des Krieges, der Kampf zwischen zwei oder mehreren Gegnern sowie die untergeordnete Natur des Krieges als eines politischen Werkzeuges. Im Gegensatz zu gängigen Interpretationen erschöpft sich Clausewitz' politische Theorie des Krieges keineswegs in seiner berühmten Formel vom Krieg als Fortsetzung der Politik mit anderen Mitteln. Vielmehr betont er mit seiner dialektischen Konzeption der wunderlichen Dreifaltigkeit[1] die Wandelbar-

1 Ausführlich habe ich diese dialektische Konzeption dargestellt in *Das Rätsel Clausewitz. Politische Theorie des Krieges im Widerstreit*, München 2001.

keit des Krieges, seinen chamäleonhaften Charakter (Clausewitz 1990, 212–213).

»Dies ist kein Krieg mehr.« Diese von Lord Kitchener, Oberbefehlshaber der englischen Streitkräfte, während des Ersten Weltkriegs getroffene Aussage verdeutlicht grundlegende Probleme mit dem leidvollen Phänomen Krieg (zit. Stephan 1998, 133). In der historischen Entwicklung hat es immer wieder Zäsuren in der Kriegführung gegeben, die den Zeitgenossen als umwälzend und revolutionär galten, während sie den Nachkommen als bloße Fortentwicklungen des Krieges erschienen. Nach dem Interventionskrieg gegen den Irak von 1991 plädierte man sogar für die »Abschaffung des Krieges«. Gemeint war jedoch, dass solche »Polizeiaktionen« nicht mehr mit dem Begriff des Krieges belastet werden sollten (Osiander 1995). Auch heute geht man von einem grundlegenden Bruch in der Kriegsgeschichte aus, dem zwischen alten und neuen Kriegen nach den Epochenjahren um 1989 und dem Ende des Wettrüstens zwischen Ost und West.

Die neuen Kriege sind gekennzeichnet durch den Verfall von Staatlichkeit und das Überhandnehmen privatisierter Gewalt, das Auftreten scheinbar längst der Vergangenheit angehörender Waffenträger wie Söldner, Kindersoldaten und Warlords sowie durch Kämpfe um Identität, Bodenschätze und grundlegende existentielle Ressourcen wie etwa Wasser. Ihr äußeres Kennzeichen ist das vermehrte Auftreten irrational scheinender und exzessiver Gewalt (Selbstmordanschläge, Formen von Mega-Terror wie bei den Anschlägen vom 11. September), Massakern linker wie rechter, islamistischer oder sonstiger religiöser Bewegungen oder das Umschlagen von nachbarschaftlichen Beziehungen in den »Kampf aller gegen alle« in ethnisch überformten Konflikten.

Die neuen Kriege und das Auftreten massenhafter Gewalt sind jedoch nur die eine Seite. Die andere ist charakterisiert durch eine technologische Revolution, die nur mit der Einführung der Motorkraft in die Kriegführung vergleichbar ist, vor allem von Panzern und Flugzeugen Anfang des 20. Jahrhunderts. Symbol dieser megatechnologischen Kriegführung sind die Cruisemissiles, die »an der Ampel rechts abbiegen«, um zielgenau den Lüftungsschacht eines gegnerischen Bunkers anzufliegen, sowie die militärische Nutzung des Weltraums. In Verbindung mit der Computertechnologie ermöglicht sie die nahezu zeitverlustfreie Vernetzung der sich unmittelbar im Kampf befindenden Soldaten mit ihrer militärischen Führung. Die über die Einpflanzung von Chips noch zu steigernde direkte Vernetzung von Mensch und Maschine führt vom Soldaten der industrialisierten Massenheere des 20. Jahrhunderts über Berufsarmeen zum technologischen Krieger des 21. Jahrhunderts.

Ursprünglich als Reaktion auf die Weigerung der westlichen Gesellschaften gedacht, Opfer auf der eigenen Seite oder der gegnerischen Zivilbevölkerung zuzulassen, verändert diese »Revolution in Military Affairs« die bisherige Kriegführung fundamental. Besonders die neueste Entwicklung miniaturisierter Atombomben, die gegen gegnerische Bunkersysteme eingesetzt werden sollen, kann die bisherige Grenze zwischen konventioneller und atomarer Kriegführung durchlässig machen. Verstärkt wird diese Problematik durch die Versuche einer Reihe von Staaten, in den Besitz von atomaren, chemischen und biologischen Massenvernichtungswaffen zu gelangen.

Der gegenwärtige waffentechnologische Wandel begründet zum Teil den Übergang von Wehrpflicht- zu Berufsarmeen, weil in einer relativ kurzen Ausbildungszeit nicht mehr die notwendigen Kenntnisse und Fähigkeiten vermittelt werden können. Umgekehrt sind die neuen Formen von Massakern und Verwüstungskriegen wesentlich mit bedingt durch die vereinfachte Bedienung von automatisierten Handfeuerwaffen und deren massenhafte Verbreitung.

Die momentane Entwicklung in Kriegführung und gewaltsamen Konflikten ist durch wesentliche Gegensätze gekennzeichnet: Auf der einen Seite gibt es Kriege mit »Messern und Macheten«, auf der anderen futuristisch anmutende Hightech-Kriege. Zwischen diesen Kriegsformen existieren zahlreiche Übergänge und Mischformen, in denen etwa ethnisch überformte oder »vormoderne« Konflikte mit modernsten Waffensystemen ausgetragen werden. Zudem ist es zwar richtig, dass viele gewaltsame Konflikte nach dem Zweiten Weltkrieg nicht mehr zwischen Staaten ausgetragen wurden, sondern im wesentlichen bürgerkriegsähnliche Kämpfe waren, bei denen sich auf mindestens einer Seite nicht-staatliche Organisationen beteiligten. Dies bedeutet jedoch keineswegs, dass die Tendenz zur Entstaatlichung des Krieges unumkehrbar ist.

Ganz im Gegenteil können Konflikte zwischen etablierten und aufstrebenden Staaten völlig neue Dimensionen annehmen, wenn beide Seiten über Atomwaffen oder andere Massenvernichtungswaffen verfügen. Schon vor Jahren formulierte ein pakistanischer Generalstabschef: »Never fight the US without having atomic-bombs.« Die Verfügung über Massenvernichtungswaffen, insbesondere über Atombomben, scheint für eine Reihe von Staaten das geeignete Mittel zu sein, der Übermacht der USA etwas entgegensetzen zu können. Inwieweit dieses Ziel jedoch der Abschreckung sowie der Aufhebung der konventionellen Überlegenheit der USA dient oder lediglich der Verfolgung eigener Interessen und der Bekämpfung der jeweiligen regionalen Gegner, ist gegenwärtig schwer absehbar. Die Entwicklung von Massenvernichtungswaffen und entsprechenden Trägerraketen durch eine Vielzahl von Staaten, die hierüber bisher nicht verfügten, stellt aber in jedem Fall eine ebenso große Gefahr dar wie der diagnostizierte Niedergang des Staates (van Creveld 1999).

Seit den Anschlägen auf das World Trade Center ist allerdings eine Renaissance des Staates zu beobachten. Schienen diese Anschläge zunächst die Überlegenheit von Konzepten gemeinschaftlicher Organisation in Form von »Netzwerken« zu belegen, so feiern Staatskonzepte seitdem eine überraschende Wiederauferstehung. »Kurz zuvor noch als obsoletes, Ressourcen verschlingendes (...) Relikt auf dem Altar der Globalisierung geopfert« oder in den Bürgerkriegen und Gewaltmärkten der Dritten Welt beerdigt, setzt sich die Einsicht durch, dass »Sicherheit nicht allein nach marktwirtschaftlichen Kostenkalkülen zu organisieren ist« (Spanger 2002, 1) und privatisierte Gewalt kein anzustrebendes Ziel sein kann. Der drohende und scheinbar unaufhaltsame Niedergang des Staates scheint bis auf weiteres vertagt.

Im Gegensatz zu den skizzierten antagonistischen Tendenzen des historisch vergangenen wie gegenwärtigen Kriegsgeschehens geht meine Darstellung von einem einheitlichen Kriegsbegriff aus, der im Anschluss an die von Clausewitz so genannte »wunderliche Dreifaltigkeit des Krieges« aus drei Teilen besteht – Gewalt, Kampf und die Zugehörigkeit der Kämpfenden zu einer umfassenderen Gemeinschaft.[2] Den Zusammenhang zwischen Krieg und der sozialen Ordnung der Gemeinschaft machte Hans Delbrück zum Dreh- und Angelpunkt seiner monumentalen *Geschichte der Kriegskunst im Rahmen der politischen Geschichte* (Neuauflage Delbrück 2000).

2 Explizit spricht Clausewitz von der »ursprünglichen Gewaltsamkeit«, dem Spiel der Wahrscheinlichkeiten und des Zufalls sowie der untergeordneten Natur des Krieges als eines politischen Werkzeuges (Clausewitz 1990, 212–213). Aus der Interpretation des gesamten ersten Kapitels von *Vom Kriege* ergibt sich, dass die beiden ersten dieser drei Tendenzen mit den Kategorien von Gewalt und Kampf zu identifizieren sind. Zum Teil über Clausewitz hinausgehend, bestimme ich die dritte dieser drei Tendenzen als Zugehörigkeit der Kämpfenden zu einer größeren Gemeinschaft. Dies kann eine politische, religiöse oder ethnische Gemeinschaft sein. Zur Gesamtinterpretation von Clausewitz siehe Herberg-Rothe 2001.

Krieg ist auf den ersten Blick durch die massenhafte Anwendung von Gewalt gekennzeichnet. Gewalt ist ein asymmetrisches Verhältnis von Handlungsmacht und Erleiden. Bei der Anwendung von Gewalt besteht grundsätzlich die Problematik ihrer Verselbständigung, worauf Wolfgang Sofsky besonders eindringlich hingewiesen hat. Seinen Ausführungen ist wenig hinzuzufügen, wenn er schreibt, Gewalt steigert sich selbst (Sofsky 1996, 62). Immanuel Kant hatte einen ähnlichen Gedanken in der Formulierung ausgedrückt, dass der Krieg mehr schlechte Menschen mache als er deren wegnehme (zit. Münkler 1992, 56–57). Clausewitz beschreibt diese Verselbständigung der Gewalt so: Krieg sei ein Akt der Gewalt, und es gebe in der Anwendung derselben keine Grenzen (Clausewitz 1990, 194).

Ohne die Problematik der Verselbständigung der Gewalt zu relativieren, ist Gewalt im Krieg jedoch kein Selbstzweck, sondern Mittel. Eine verselbständigte, entfesselte Gewalt, ein Primat der Gewalt über die Politik, ist für Clausewitz grundsätzlich dysfunktional, wie ihn seine Analyse des Scheiterns Napoleons bei Waterloo gelehrt hat (Herberg-Rothe 2001, 44ff.). Wesentlich für die Gewalt im Krieg ist vor allem der Charakter der angewandten Mittel. Ein unmittelbarer Nahkampf mit Fäusten, Schwertern und Schilden verlangt andere kämpferische Eigenschaften als einer mit Pfeil und Bogen, Präzisionswaffen oder mit computergestützter Technologie. Während im einen Fall körperliche Stärke, Aggressivität und sogar Hass vonnöten sind, können sie im zweiten kontraproduktiv sein. Hier werden geistige Fähigkeiten, Selbstbeherrschung und eine relative Gleichgültigkeit gegenüber dem Gegner benötigt.

Wie unterscheidet sich aber Krieg von anderen Formen massenhaft angewandter Gewalt? Zwar sind Völkermorde sehr häufig mit Krieg einhergegangen – etwa der Genozid an den Armeniern im Ersten, der Mord an den Juden im Zweiten Weltkrieg –, aber selbst in diesen Fällen werden sie als das bezeichnet, was sie sind: Völkermord und nicht Völkerkrieg. Neben dem Aspekt massenhafter Gewalt gehört zum Krieg somit ein Minimum an realem Kampf – ansonsten handelt es sich um Massaker, Massenvernichtung oder Massenmord (Waldmann 1998a, 16f.). Die Besetzung der Tschechoslowakei durch die deutsche Wehrmacht war kein Krieg, sondern ein Überfall, eine Okkupation. Carl von Clausewitz hat diese Problematik in der Formulierung auf den Punkt gebracht, dass Krieg eigentlich erst mit der Verteidigung anfange. Erst wenn sich jemand gegen eine massive Gewaltanwendung wehrt, entsteht ein realer Kampf und damit ein Krieg. Wie unterscheiden sich Gewalt und Kampf? Gewalt ist gebunden an das erwähnte asymmetrische Verhältnis von Handeln und Erleiden, Kampf dagegen an ein Minimum von Symmetrie der Kämpfenden – Clausewitz' Begriff hierfür ist der Zweikampf (Clausewitz 1990, 644 und 191).

Symmetrie und Asymmetrie von Kampf und Gewalt können im Krieg paradoxe Formen annehmen. Im Kosovokrieg bekämpfte die NATO die militärische und zivile Infrastruktur der Serben mit modernster Waffentechnologie, der die serbische Armee machtlos gegenüberstand, da sie kein Potential hatte, sich gegen die hoch fliegenden Flugzeuge zu wehren. Kriegsziel der serbischen Armee wurde aber die albanische Zivilbevölkerung des Kosovo und deren Vertreibung sowie die Beeinflussung der westlichen Öffentlichkeit. Und doch war es trotz dieser Asymmetrie der Kriegführung ein Kampf zweier Gegner – wer von beiden würde zuerst die Gewaltanwendung aufgeben?

Bereits im Ersten Weltkrieg handelte es sich für die unmittelbar an der Front Kämpfenden nicht mehr um einen Kampf zweier Gegner – was auf die Soldaten in den Schützengräben zukam, war kein Gegner mit menschlichem Gesicht, sondern das Trommelfeuer von Maschinengewehren und Artilleriegeschossen. Genau deshalb konstatierte Lord Kitchener, dies sei kein Krieg mehr. Dennoch gab es auch hier einen Kampf, allerdings oft nicht mehr auf der Ebene individueller Kämpfer, sondern ganzer Armeen und Nationen.

Aufgrund dieses Minimums an Symmetrie zwischen den Kämpfenden etablierten sich in der historischen Entwicklung Kriegskonventionen. Krieg ist gebunden an Regeln, wer wen zu welchem Zweck und auf welche Art und Weise bekämpfen und letztlich töten darf. Ohne solche wie auch immer begrenzten Konventionen würde jede kriegführende Gemeinschaft oder Gesellschaft innerlich zerfallen und sich selbst auflösen. Die nach außen ausgeübte Gewalt hätte keine Grenze mehr, die vor dem Innern der Gemeinschaft halt machen würde. Thomas Hobbes' berühmte Konstruktion eines »Krieges aller gegen alle« ist im eigentlichen Sinne kein Krieg mehr, sondern die Herrschaft nackter, reiner Gewalt.

Die Bestimmung dessen, was Krieg ist, hat unmittelbar Auswirkungen auf die Frage, ob und wie, mit welchen Zielen und Zwecken er geführt werden kann, soll, darf oder muss – und wie er begrenzt, wenn nicht verhindert werden kann. Aus dem Satz Kurt Tucholskys, alle Soldaten seien Mörder, folgen andere politische Handlungen als aus der Vorstellung, dass sich Soldaten für ihre jeweilige Gemeinschaft oder für ideelle Ziele opfern. In der Epoche des atomaren Wettrüstens zwischen den damaligen Supermächten war das Denken über den Krieg bestimmt durch das Ziel seiner unbedingten Vermeidung, weil im Kriegsfall die Selbstvernichtung bis hin zur Zerstörung des gesamten Planeten drohte. Hingegen reflektiert die öffentliche Wahrnehmung seitdem eher das Auftreten massenhafter und besonders exzessiver Gewalt, denen gegenüber sie bereit ist, Kriege aus berechtigten Gründen nicht nur zu akzeptieren, sondern auch zu fordern. Hieraus erwächst eine Wiederbelebung des alten Theorems vom gerechten Krieg.

Kriegskonventionen können aus der wechselseitigen Anerkennung der Kämpfenden als Gleiche oder Gleichrangige entspringen, aus dem Bemühen um eine kriegerische Ehre. Der mittelalterliche Ehrenkodex der Ritter ist ein Beispiel für solche Kriegskonventionen, indem nur der als Ritter anerkannt wurde, der sich an diesen Kodex hielt. Analoges findet sich vor allem im höfisch geprägten 18. Jahrhundert. Nach verlorener Schlacht wurde den Unterlegenen freier Abzug gewährt, manchmal mit dem Ehrenwort verbunden, nicht mehr gegen den Sieger zu kämpfen (Stephan 1998). Kriegskonventionen können jedoch auch von der internationalen Gemeinschaft durchgesetzt werden, wie die Haager Landkriegsordnung von 1907, welche die Grundsätze der Kriegführung festlegt, die sich »aus den unter gesitteten Staaten geltenden Gebräuchen, aus den Gesetzen der Menschlichkeit und aus den Forderungen des öffentlichen Gewissens herausgebildet haben« (Präambel der Haager Landkriegsordnung).

Kriegskonventionen wurden und werden immer wieder gebrochen; deshalb sind sie jedoch nicht nutzlos, und es besteht kein Grund, die bestehenden Bestimmungen aufzukündigen (wie dies van Creveld 1998, 328–329, postuliert). Erst wenn sich ein Soldat darauf verlassen kann, im Falle einer Gefangennahme nicht Schlimmeres als den Tod zu erleiden, kann es sinnvoll sein, den Kampf aufzugeben. Gleiches gilt für den Schutz der Zivilbevölkerung. Ist dieser nicht gewährleistet, ist es für die potentiellen Opfer sinnvoll, bis zum Äußersten zu kämpfen. Kriegskonventionen erscheinen oft paradox. Den Soldaten der westlichen Streitkräfte im Zweiten Weltkrieg waren Plünderungen und die Vergewaltigung von Frauen streng verboten, Übertretungen wurden geahndet; zugleich machte man keinerlei Unterschied zwischen Zivilbevölkerung und kämpfender Truppe bei der Flächenbombardierung oder den Atombomben auf Hiroshima und Nagasaki. Um jedoch überhaupt Verletzungen von Kriegskonventionen feststellen und ahnden zu können, müssen sie aufgestellt und kodifiziert werden.

Ein prominentes Beispiel für die Aufkündigung von Kriegskonventionen ist der Sieg von David über Goliath. Denn der letztere war nicht nur ein wahrer Goliath von Gestalt, sondern vor allem ausgerüstet mit der modernsten Waffentechnologie seiner Zeit: Schild, Schwert und Rüstung. Davids Kampfweise, die Verwendung der Schleuder, war in höchstem Maße unfair, nicht-konventionell, was gerade ihren Erfolg ausmachte. Goliath unterschätzte den Hirtenjungen und seine neue Kampfweise nicht nur, sondern konnte ihn auch als Gegner nicht wahrnehmen – er hatte keine Chance gegen diese neue Form des Kampfes. Ähnlich erging es den mittelalterlichen Rittern im Kampf gegen die eidgenössischen (schweizerischen) Bauernaufgebote und den an feste Regeln gebundenen europäischen Söldnerheeren gegen die französischen Revolutionsarmeen oder die Heere Napoleons. In all diesen Fällen gewannen diejenigen den Krieg und erzielten einen unerwarteten Erfolg, die als erste die bisher festgelegten Kampfregeln gebrochen hatten.

Andererseits blieben diejenigen, die als erste die Kriegskonventionen verletzten, keineswegs immer die Sieger. Ganz im Gegenteil gab es eine Reihe von Fällen, in denen zum Schluss die als absolute Verlierer dastanden, die als erste die Kriegskonventionen verletzt oder eine ganz neue Kampfweise eingeführt hatten – weil der Gegner nachrüsten und in der neuen Form der Kriegführung nachziehen konnte. So erging es dem von seinen Zeitgenossen als »Kriegsgott« wahrgenommenen Napoleon, der mit Massenheeren und der Konzentration auf die Entscheidungsschlacht in kürzester Zeit alle Heere und Staaten Europas besiegen konnte. Am Ende wurde er jedoch bei Waterloo vernichtend geschlagen, weil seine Gegner, vor allem Preußen, die Grundlagen seiner Erfolge kopiert hatten. Auch die revolutionäre »Blitzkriegsstrategie« Hitlers und der deutschen Wehrmacht begründete mit schnellen Panzervorstößen ihren anfänglichen Erfolg, bis die Sowjetunion im Laufe des Krieges mehr Panzer als das Deutsche Reich aufbieten konnte.

Im Kampf zweier oder mehrerer Gegner gibt es zwei gegensätzliche Pole. Geht es den Parteien um die Erlangung von

Gütern und Machtvorteilen oder aber um die Erhaltung der eigenen Existenz und Identität? Sicherlich gibt es Mischformen dieser Gegensätze und Fälle, in denen nicht eindeutig zwischen beiden unterschieden werden kann. Das Ziel der Erhaltung der eigenen Identität und Existenz von ethnischen Gruppen, Nationen oder Stämmen kann gerade zur Eroberung von gegnerischen Gebieten und zur Vernichtung des jeweiligen Gegners führen. Der gewaltsame Ausschluss von Minderheiten, ein wesentliches Kennzeichen des 20. Jahrhunderts, beruhte auf dieser Perspektive der Verteidigung und Wahrung einer eigenen ethnischen oder nationalen Identität. Zum Teil sollte auch eine als in sich zerrissen wahrgenommene Gemeinschaft durch den gewaltsamen Kampf gezwungen werden, sich zu einer politischen Einheit zu entwickeln.

Hans Freyer, einer der Nationalrevolutionäre des Ersten Weltkriegs, betonte, dass »die Einheit des politischen Volks aus Gewalt und Krieg geboren wurde und nicht billiger zu haben ist« (Freyer 1925, 20 und 140–143). Diese »Einheit des politischen Volkes« kann beliebig ersetzt werden durch die des palästinensischen, irakischen, kurdischen oder tschetschenischen Volkes. Die Annahme der Verteidigung einer eigenen Identität sowie einer politischen, kulturellen oder ethnischen Existenz begründet auch, warum diese Konflikte so erbarmungslos und unlösbar erscheinen. Auf die gewaltsame Durchsetzung von Interessen und die Gewinnung von Machtvorteilen kann notfalls verzichtet werden, nicht aber auf Identität und die eigene Existenz, wenn diese im Kampf aufs Spiel gesetzt werden.[3]

Im Krieg stehen sich Gemeinschaften gegenüber, es handelt sich keineswegs um einen Kampf von Individuen, wie groß deren Zahl auch sein mag. Diese kämpfende Gemeinschaft kann

---

3 Zur Unterscheidung von instrumenteller, die eigenen »Interessen« verfolgender, und existentieller Kriegführung siehe Münkler 1992, 92 ff.

in vielfältiger Form existieren – als religiöse, ethnische oder kulturelle Einheit, sie kann ein Stamm, eine heterogene Gemeinschaft unter einem Warlord oder ein Staat sein. Die Zugehörigkeit zu einer dieser Gemeinschaften entscheidet sowohl über Ziel und Zweck des Kampfes als auch über die Art und Weise der Kriegführung.

In vielen Fällen soll einem Gegner der eigene Wille mit Gewalt aufgezwungen werden. Dies kann jedoch auf zweierlei Art und Weise erfolgen. Einerseits kann dem Gegner größtmöglicher Schaden zugefügt werden. So haben in den vormodernen Formen der Kriegführung oft keineswegs Schlachten zwischen sich gegenüberstehenden Armeen stattgefunden; vielmehr wurde der Krieg häufig in Gestalt einer Verwüstung des gegnerischen Territoriums geführt. Beispiele für diese Art der Kriegführung sind die Indianer-, Kosaken- und Völkerwanderungskriege. Über die längste Zeit der Geschichte wurden Kriege an den Rändern der großen Zivilisationen in dieser Form geführt. Die Einfälle plündernder Völkerschaften waren Verheerungskriege, deren die großen Reiche nur dadurch Herr wurden, dass sie den »barbarischen Völkern« Subsidien zahlten, mit denen diese sich von solchen Verwüstungen abhalten ließen.

Demgegenüber war die Kriegführung in Europa vom Ende des Dreißigjährigen Krieges bis zum Ersten Weltkrieg weitgehend durch die Vermeidung von flächendeckenden Verwüstungen gekennzeichnet. Die leidvollen Erfahrungen des Dreißigjährigen Krieges, in dem etwa ein Drittel der gesamten europäischen Bevölkerung direkt oder mittelbar durch den Krieg zu Grunde ging, führte zu einer historisch einmaligen Einhegung des Krieges. Anders als im Fall der großen Reiche (Rom, Byzanz, China) konnten die Verwüstungen im Dreißigjährigen Krieg nicht mehr auf die Ränder und »Hilfsvölker« begrenzt werden; die grauenhaftesten Verwüstungen tobten im Herzen Europas selbst.

Die entscheidende Neuerung nach dem Ende des Dreißigjährigen Krieges bestand darin, dass mit einer militärischen Niederlage nicht mehr die eigene Existenz auf dem Spiel stand und großflächige Verheerungen von Territorien und die Drangsalierung der Bevölkerung nicht automatische Folge waren. Selbst Napoleon, dessen Armeen fast ganz Europa eroberten, setzte zwar nach Gutdünken politische Herrscher ein und wieder ab, führte jedoch keine Kriege gegen die jeweilige Bevölkerung, sondern suchte die Entscheidung in der Schlacht herbeizuführen. Der »europäische Sonderweg« in der Kriegführung ist eine unmittelbare Reaktion auf die Verwüstungen des Dreißigjährigen Krieges im Herzen Europas.

Die Geschichte des Krieges ist durch Paradoxien gekennzeichnet. Denn die Suche nach der Entscheidung in der Schlacht zwischen regulären Armeen ermöglichte zwar lange Zeit die weitgehende Schonung der europäischen Zivilbevölkerung. In Zeiten industrialisierter Kriegführung mit Maschinengewehren, gepanzerten Fahrzeugen, Flugzeugen, der scheinbar unbegrenzten Produktion von Kanonen und der Verkürzung der Nachschubwege durch ein ausgebautes Eisenbahnsystem führte das Festhalten an der Suche nach der Entscheidung in einer Schlacht jedoch zu katastrophalen Menschenverlusten im Ersten Weltkrieg. Um die Entscheidung zu erzwingen, wurden ganze Armeen und Nationen ausgeblutet, im Zweiten Weltkrieg wurde die Zivilbevölkerung selbst wieder zum militärischen Ziel. Die Begrenzung der Kriegführung in Europa seit dem Dreißigjährigen Krieg ist nicht von ihrem Ausgang zu trennen, den Katastrophen des Ersten und Zweiten Weltkrieges.

Auch nicht davon, dass die gleichen Armeen, die gegen europäische Gegner ein Höchstmaß an Zurückhaltung gezeigt hatten, in den Kolonialgebieten nicht selten Vernichtungsfeldzüge gegen die einheimische Bevölkerung führten. 1898 mähten britische Truppen in Ägypten die Krieger des aufständischen Mahdi mit nur sechs Maxim-Maschinengewehren zu Tausenden nieder – das war keine Schlacht zwischen Armeen, sondern ein Massaker. Die Krieger des Mahdi konnten die Feuerkraft dieser neuen Waffen einfach nicht begreifen und berannten immer und immer wieder die britischen Stellungen (Diner 2000). Aber auch die europäischen Armeen selbst hatten aus diesen Erfahrungen wenig dazugelernt, denn im Ersten Weltkrieg liefen ihre eigenen Infanteristen und Kavalleristen ohne jede Deckung, anfangs mit heldenhaften Liedern auf den Lippen, ins Feuer der Maschinengewehre.

Umstritten ist und bleibt damit, wodurch der »europäische Sonderweg« der Kriegführung gekennzeichnet ist: durch die Einhegung des Krieges bis zum Ersten Weltkrieg oder durch die Brutalität der Kolonialkriege sowie die beiden Weltkriege des 20. Jahrhunderts. Jahrhundertelang hat es eine Zweiteilung gegeben: Begrenzung des Krieges und Einhaltung von Kriegskonventionen innerhalb Europas einerseits, Vernichtungs- und Verwüstungskriege durch die europäischen Armeen in Afrika und Indien und durch amerikanische Siedlergemeinschaften in Nord- (Massaker von Wounded Knee) und Südamerika (Pampa-Indianer) und die Buren in Südafrika (Herero) andererseits.[4]

Die Kriegführung der deutschen Armeen unter Hitler in Russland brachte den Vernichtungs- und Verwüstungskrieg wieder nach Europa zurück. Der aktuelle Gegensatz der Kriegführung mit »Messern und Macheten« einerseits und Hightech-Waffen andererseits setzt die historische Zweiteilung fort, die letztlich auch im Zeitalter des atomaren Wettrüstens galt. Aufgrund der Gefahr der wechselseitigen atomaren Vernich-

4 Umstritten ist, ob die gesamte Kolonialgeschichte von solchen Verwüstungs- und Vernichtungskriegen gekennzeichnet ist. Am Beispiel von Süd- und Mittelamerika verdeutlicht etwa Peer Schmidt, dass die europäischen Siedlergemeinschaften abgesehen von der Landnahme ihre Herrschaft mit einem relativ geringen Anteil an Militärwesen aufrechterhalten konnten (Schmidt 1994).

tung der beiden Supermächte konnte die Kriegsgefahr innerhalb ihrer Einflusssphäre gebannt werden, während ihre Konflikte zum Teil in den weltpolitischen Randgebieten ausgetragen wurden.

Der Gegensatz und das Nebeneinander unterschiedlicher Kriegsformen sind somit als solches nichts grundsätzlich Neues in der historischen Entwicklung des Krieges. Neu ist allerdings die Gemengelage (Münkler 2002), in denen verschiedene Kriegsformen nicht mehr räumlich voneinander getrennt und nebeneinander existieren, sondern unmittelbar ineinander übergreifen. Lange Zeit wurde der europäische Staatenkrieg seit dem Ende des Dreißigjährigen Krieges als Normalfall des Krieges wahrgenommen, demgegenüber die nicht-staatlichen Gewaltformen nur als primitive Rückfälle oder als Ausdruck irregulärer Gewalt galten. Gegenüber dieser einseitigen Sichtweise ist es aufgrund der Unüberschaubarkeit der gegenwärtigen Entwicklung und ihrer widerstreitenden Tendenzen aber nicht sinnvoll, wiederum den staatlichen Krieg als bloße geschichtliche Ausnahme von der Regel zu betrachten.

Krieg soll hier und im Folgenden deshalb verstanden werden als Phänomen innerhalb der Gegensätze von Gewalt, Kampf und der Zugehörigkeit der Kämpfenden zu einer umfassenderen Gemeinschaft. In der historischen Entwicklung gab es immer wieder Phasen, in denen einer dieser drei Aspekte besonders hervorgetreten ist und scheinbar den Krieg als Ganzes bestimmte. Der europäische Staatenkrieg etwa war im Wesentlichen bestimmt durch den Aspekt des Zweikampfs, eines Duells zwischen Staaten, gegenwärtige Bürgerkriege sind demgegenüber durch die Verselbständigung der Gewalt gekennzeichnet.

Krieg ist aber seit jeher mit Paradoxien behaftet. Besonders deutlich wird dies in dem alten Satz *si vis pacem, para bellum* – wenn du den Frieden willst, bereite den Krieg vor. In diesem Satz wird die Abschreckung besonders hervorgehoben. Ohne diskutieren zu wollen, in welchen Fällen dieses Motto richtig ist oder nicht und ob man ihm nicht mit Dieter Senghaas *si vis pacem, para pacem* (wenn du den Frieden willst, bereite den Frieden vor) entgegensetzen müsste (Senghaas 1995), verdeutlicht er doch die grundsätzlich paradoxe Struktur des Krieges. Alte und neue Kriege, Hightech-Kriege und Kriege mit »Messern und Macheten«, zwischenstaatliche und nicht-staatliche Kriege, moderne und nicht-moderne Formen der Gewalt, Verselbständigung der Gewalt und Gewalt als zweckrationales Mittel – all dies sind die äußersten Pole, innerhalb derer Krieg anzusiedeln und aus denen er zusammengesetzt ist.

Aus diesem Grund werden im Folgenden die Gegensätze in der Betrachtung des Krieges, seine konträren Ausprägungen wie seine widerstreitenden Entwicklungen, hervorgehoben. Über die reine Darstellung der Gegensätzlichkeit staatlicher und nicht-staatlicher Kriegführung hinaus ist umstritten, welche der beiden Formen das 21. Jahrhundert bestimmen wird (Kap. 1). Das Verständnis der Moderne ist unmittelbar gebunden an die Beantwortung der Frage, ob Moderne und Krieg beziehungsweise Gewalt einen fundamentalen Gegensatz zum Ausdruck bringen oder ob die sich als prinzipiell gewaltfrei verstehende Moderne erst ein beispielloses Gewaltpotential entfesselte (Kap. 2). Die Unterschiedlichkeit der historischen Ausprägungen der Waffenträger verdeutlicht besonders den chamäleonhaften Charakter des Krieges (Kap. 3). Trotz aller wissenschaftlichen Bemühungen ist es bis heute nicht gelungen, sich über allgemeine Ursachen des Krieges zu einigen. Darüber hinaus bleiben auch die Ursachen einzelner bedeutsamer Kriege, wie die des Ersten Weltkrieges, bis heute umstritten (Kap. 4). Einem vernachlässigten Kapitel nähern wir uns mit dem (massenhaften) Töten im Krieg (Kap. 5). Zuletzt widmen wir uns der Frage, welche neuen Entwicklungen bezüglich Krieg und Gewalt im 21. Jahrhundert absehbar sind (Kap. 6).

Es bedarf keiner Erwähnung, dass diese Darstellung nicht

vollständig sein kann. Indem aber die äußersten Gegensätze des Kriegsgeschehens thematisiert werden, markieren wir die Grenzen des Untersuchungsgegenstandes Krieg, innerhalb derer sich die konkreten Kriege »abspielen«.

1 Staatenkrieg, Bürgerkrieg, nicht-staatliche Kriege

Die Einteilung der historischen Kriegsformen in Staatenkriege, Bürgerkriege und nicht-staatliche Kriege reflektiert die herausragende Bedeutung, die der Staatenkrieg seit dem Dreißigjährigen Krieg gespielt hat. Dessen Einfluss auf die öffentliche Wahrnehmung ist so groß, dass lange Zeit nur diese Form als »eigentlicher Krieg« begriffen wurde. Auch der Bürgerkrieg ist seinem Wortsinn nach noch an seinen Gegensatz gebunden. Bei ihm handelt es sich um einen Krieg der »Bürger« innerhalb eines Staates.

Der Begriff des nicht-staatlichen Krieges ist insofern unglücklich, als in der bloßen Negation dem staatlichen Krieg immer noch der Primat zuerkannt wird. Die Vielfalt nicht-staatlicher Kriege ist jedoch so groß, dass es für sie keine allgemein anerkannte gemeinsame Bestimmung gibt. Begriffe wie »primitive Kriegführung« (John Keegan), *low-intensity-conflicts* (Martin van Creveld), »Stammeskriege«, »wilde Kriege« (Wolfgang Sofsky) oder auch »Gewaltmärkte« (Georg Elwert) betonen jeweils einen Aspekt, ohne dass der Vielfalt dieser Kriege ausreichend Rechnung getragen würde.

Die idealtypische Entgegensetzung dieser drei Ausprägungen (Staaten-, Bürgerkrieg, nicht-staatlicher Krieg) bedeutet natürlich nicht, dass sie jeweils nur in Reinform vorkommen. Das Kriegsgeschehen ist, historisch gesehen, im Gegenteil sehr oft durch Mischformen gekennzeichnet, wenngleich es lange Perioden gegeben hat, in denen eine der drei Formen dominiert hat. Innerhalb Europas überwog zwischen dem Dreißigjährigen Krieg und der Französischen Revolution der Staatenkrieg. In Gebieten außerhalb Europas, in denen es noch zu keiner Ausbildung von Staatlichkeit gekommen war, konnte natürlich keine Rede von Staatenkriegen sein, ebenso wenig bei Einfällen von Völkerschaften in große Reiche.

Gemengelagen zwischen diesen Gegensätzen ergeben sich, wenn auf der einen Seite der Kämpfenden staatliche Institutionen beteiligt sind, auf der anderen jedoch nicht-staatliche. Dies ist besonders häufig der Fall in Kolonial- und Interventionskriegen, etwa im Fall der sowjetischen Intervention in Afghanistan. Aber auch klassische Staatenkriege können einen gemischten Charakter annehmen, wenn die schwächere Seite zum Partisanenkrieg übergeht. Berühmt wurde dieser Fall besonders durch Francisco Goyas *Desastres de la Guerra*, vor allem durch sein Bild über die Erschießung Aufständischer im Französisch-Spanischen Krieg von 1808–1814 (Goya 1961). Trotz des vollständigen Sieges Napoleons über die spanische Armee wurde er am Ende im Partisanenkrieg durch den Widerstand von Bauern und Intellektuellen besiegt. Ebenso können Staatenkriege bürgerkriegsähnliche Formen annehmen, wie etwa im Zweiten Weltkrieg. Obwohl es ausgedehnte Partisanenkämpfe (etwa in Jugoslawien) gab, wurde der Krieg im Wesentlichen von Staaten geführt. Aufgrund seines ideologischen Charakters sowie der gezielten Vernichtung von Völkern wies er jedoch wesentlich mehr Kennzeichen eines Bürgerkrieges – eines Weltbürgerkrieges (Diner 2000) – als eines Staatenkrieges auf.

Mischformen gibt es auch in den Fällen, in denen Bürgerkriege zwar zwischen unterschiedlichen Gemeinschaften um die Macht in einem Staat geführt werden, der Kampf jedoch weitgehend mit regulären Armeen bestritten wird. Beispiele hierfür sind der römische Bürgerkrieg zwischen Caesar und Pompeius oder der amerikanische Bürgerkrieg (1861–65). Letzterer kann zwar als der erste tendenziell totale Krieg der Moderne begriffen werden, weil in ihm die Zivilbevölkerung zum direkten Objekt der Kampfhandlungen wurde. Trotzdem kämpften in ihm hauptsächlich reguläre Armeen zweier halbwegs demokratischer Gemeinwesen gegeneinander, sodass dieser Krieg eher den Charakter eines Staaten- als eines Bürgerkrieges trug.

Alle drei Kriegsformen haben sich in der historischen Entwicklung wesentlich verändert. Die zwischenstaatlichen Kriege des 18. Jahrhunderts haben einen völlig anderen Charakter als der Erste Weltkrieg, obwohl auch er von Staaten ausgefochten wurde. Ebenso unterscheiden sich gegenwärtige *low-intensity-conflicts* von den Wanderungen ganzer Völkerschaften nach dem Ende des Römischen Reiches oder den Einfällen etwa der Mongolen und Hunnen. Traditionelle Kriege zwischen Stämmen oder nicht-staatlichen Gemeinschaften wiederum haben durch den Gebrauch von modernen Handfeuerwaffen wie der Kalaschnikow eine völlig neue Qualität erhalten. Ohne die ausufernde Verbreitung dieser Schnellfeuerwaffen gäbe es keine »Neuen Kriege« (Münkler 2002) – zumindest nicht in dem gegenwärtig zu beobachtenden Ausmaß.

Äußerst unterschiedlich fallen die Bewertungen bezüglich des Staatenkrieges und des nichtstaatlichen Krieges aus. Auf der einen Seite stehen diejenigen, die, an die großen Hoffnungen der Aufklärung anknüpfend, auf eine Versittlichung des Staates und auf eine allmähliche Begrenzung der inner- wie zwischenstaatlichen Gewalt bauen und den Staat als Garanten der Verhinderung des Krieges aller gegen alle (Hobbes) begreifen.

Auf der anderen Seite finden sich diejenigen, die im Staat die Quelle allen Übels und in seiner Abschaffung den einzigen Weg zur dauerhaften Pazifizierung der Menschheit sehen (Krippendorff 1985). Bei der letzteren Position wird jedoch übersehen, dass das Ende des Staates nicht das Ende der Gewalt, sondern höchstens das Ende des Staatenkrieges bedeuten würde.

Die vielfältigen und besonders grausamen Formen von nicht-staatlicher Gewalt sollten auf diejenigen ernüchternd wirken, die sich vom Ende der Staatlichkeit einen Fortschritt erhoffen – nichts spricht für diese Annahme. Das bloße Hoffen auf eine wesentlich begrenztere Gewaltausübung in nichtstaatlichen Formen der Kriegführung (von Trotha 2000) reicht für eine Perspektive »jenseits der Staatlichkeit« nicht aus. Zumeist wird in diesen Ansätzen die vorstaatliche oder vormoderne Form des Krieges weitgehend verharmlost[1], indem darüber geschwiegen wird, dass »primitive Kriegführung« mit hochmodernen Waffensystemen und Massenvernichtungswaffen unendliches Leid über die Menschheit bringen würde.

Den Gegensätzen in der Bewertung entspricht die innere Gegensätzlichkeit des staatlichen Krieges. Staatenkriege sind zwar im Regelfall weit weniger grausam als nicht-staatliche Kriege, weil sie eher eine Begrenzung der Gewalt ermöglichen. Zugleich bedeutet die staatliche Organisation des Krieges in Zusammenhang mit Nationalismus und Technisierung aber ein bisher unbekanntes Maß an Eskalation von Gewalt. Ihre Monopolisierung durch den Staat hat somit einerseits zu einer dramatischen Intensivierung des Krieges geführt, vom Schlachtflottenbau über die Motorisierung der Heere und die Entwicklung der Luftwaffe bis hin zum Einsatz der Atombombe. Aber

1 U.a. von Keegan in seiner Perspektive einer Anknüpfung an »primitive Formen der Kriegführung«. Diese waren insofern begrenzt, als sie begrenzte Waffensysteme wie Pfeil und Bogen verwendeten. Siehe zur vormodernen Kriegführung dagegen Keeley 1996.

der Intensivierung des Krieges steht andererseits auch seine Begrenzung, seine »Hegung« gegenüber, wie sie im neuzeitlichen Völkerrecht ihren Niederschlag gefunden hat (Münkler 1995).

Clausewitz erläutert diese innere Gegensätzlichkeit so, dass die Kriegführung »gebildeter Völker« einerseits »viel weniger grausam« sei als die der »ungebildeten«, und begründet diese Beschränkung mit dem gesellschaftlichen Zustand sowohl zwischen den Staaten wie innerhalb ihrer; gebildete Völker würden »den Gefangenen nicht den Tod geben, Stadt und Land nicht zerstören«. Andererseits gebe die »Intelligenz« den »gebildeten Völkern« wirksamere Mittel zur Anwendung von Gewalt als die rohen Äußerungen des Instinkts. Die Erfindung des Pulvers und die immer weitergehende Evolution des »Feuergewehrs« zeige genügend, dass die im Begriff des Krieges liegende Tendenz zur Vernichtung des Gegners durch die zunehmende Bildung nicht begrenzt werde (Clausewitz 1990, 193–194). Clausewitz formuliert damit den grundlegenden Widerspruch, den ein und dieselbe Entwicklung von bürgerlichen, rationalen und interessengeleiteten gesellschaftlichen Verhältnissen und Denkformen produziert: die Begrenzung der Gewalt gegenüber vorbürgerlichen Verhältnissen *und* ihre Entgrenzung.

Historische Entwicklung des Staatenkrieges

Ausgangspunkt der Verstaatlichung des Krieges in der Neuzeit ist der Dreißigjährige Krieg, der Europa in seinen Grundfesten erschütterte und etwa ein Drittel der europäischen Bevölkerung das Leben kostete. Zwar gab es bereits zuvor Ansätze von Verstaatlichung – aber erst der Dreißigjährige Krieg mit seinen grauenhaften Gewaltexzessen und flächendeckenden Verwüstungen sorgte dafür, dass diesen Ansätzen endgültig zum Durchbruch verholfen wurde. Er war zugleich Anstoß der rationalistischen Revolutionen des 16./17. Jahrhunderts durch Galilei, Descartes und Leibniz, die darauf zielten, Systeme zu entwickeln, die ein ähnliches Ausufern der Gewalt künftig vermeiden sollten. Analoge Phänomene lassen sich vor und nach dem Ersten Weltkrieg beobachten, die Entwicklung von künstlichen Sprachen (Tarski), die Grundlegung einer widerspruchsfreien Mathematik (Russell und Whitehead, *Principia mathematica*) sowie der Logik (Wittgenstein), die durch die Entwicklung von rein rationalen Systemen und Sprachen der Irrationalität der Politik und den Gewalteruptionen des Krieges entgegenwirken sollten (Toulmin 1994).

Die Verstaatlichung des Krieges basierte auf einem System unterschiedlicher Grenzziehungen.[2]

1. Fundamental war zunächst die Festlegung anerkannter territorialer Grenzen, durch die Innen und Außen einer Gemeinschaft eindeutig definiert wurden. Durch solche eindeutigen Grenzen unterscheiden sich moderne Staaten von traditionellen Reichen, deren Herrschaftsanspruch vom Zentrum zur Peripherie immer mehr abnimmt. Die Grenzen von älteren Reichen verlieren sich »in der Tiefe größerer Grenzregionen«.

2. Auf der territorialen Grenzziehung basiert die eindeutige Unterscheidung von Krieg und Frieden. Diese ist die Voraussetzung dafür, dass es kein Drittes zwischen Krieg und Frieden geben kann, *tertium non datur.* Die Überschreitung der Grenze stellt eine Verletzung des Friedens dar, die zum Kriegsgrund werden kann. Demgegenüber herrschte in den Randgebieten

---

2 Die folgende Bestimmung staatlicher Kriege in Anlehnung an Münkler 2002, 68–74. Münkler begründet den historischen Prozess der Verstaatlichung des Krieges im Wesentlichen mit militärökonomischen bzw. strategischen Veränderungen im 16. Jahrhundert (siehe hierzu auch Parker 1990), während hier stärker die politische Dynamik hervorgehoben wird, die durch den Dreißigjährigen Krieg ausgelöst wurde.

großer Reiche ein Zwischenzustand, der weder Krieg noch Friede war. In diesem Zwischenzustand musste man jederzeit mit kriegsähnlichen Handlungen rechnen, auch wenn sich das jeweilige Reich formal im Frieden befand. So war es im Zarenreich, im Osmanischen wie im Habsburger Reich, an der Indianergrenze in Nordamerika und in nahezu allen ehemaligen europäischen Kolonialgebieten. Während die Bürger eines modernen Staates selbst in grenznahen Regionen darauf vertrauen können, in Frieden zu leben, weil eine Überschreitung der Grenze die Kriegserklärung zur Folge hätte, gab es an den Grenzen der großen Reiche einen nahezu permanenten Kriegszustand.

3. Ergänzt wird diese Grenzziehung durch den Anspruch des Staates, allein darüber zu bestimmen, wer in politischer Hinsicht als Freund und wer als Feind anzusehen sei. Gewaltakte, die nicht vom Staat legitimiert waren, galten demnach als kriminell und wurden als solche verfolgt und geahndet. Damit war dem europäischen Staat etwas historisch Einmaliges gelungen. Durch die Erringung des staatlichen Gewaltmonopols konnte im Innern Frieden geschaffen und Feindschaft als Rechtstitel ausgeschlossen werden (Münkler 1995). Carl Schmitt machte diese Unterscheidung von Freund und Feind später zur Grundlage seiner Bestimmung des Politischen (Schmitt 1932).

4. Von zentraler Bedeutung ist zudem die Grenzziehung zwischen Kombattanten und Nicht-Kombattanten, zwischen den Kämpfenden und denen, die im Kampf und von ihm nicht nur verschont werden sollten, sondern an diesem auch nicht teilnehmen durften, wollten sie nicht als Verbrecher behandelt werden. Äußeres Kennzeichen des Kombattanten wurden seit dem 17. Jahrhundert die Uniform sowie das offene Tragen von Waffen, die ihn als Angehörigen der Streitkräfte ausweisen, der im Kriegsfall angegriffen und getötet werden darf. Dass der Nicht-Kombattant vor den Auswirkungen des Kriegsgesche-

hens geschützt wurde, ermöglichte den Übergang von einer Strategie größtmöglicher Schädigung des Gegners zu einer Strategie, in der eine reguläre Schlacht über den Ausgang des Krieges entschied.

Auch hier zeigt sich eine widerstreitende Entwicklung innerhalb des Kriegswesens. War (wie bereits erwähnt) die Konzentrierung auf entscheidende Schlachten zunächst ein zivilisatorischer Fortschritt, weil die Verwüstung des Territoriums und zahllose Grausamkeiten gegen die Zivilbevölkerung vermieden wurden, kehrte sich diese Entwicklung im 20. Jahrhundert um. Die verheerenden Schlachten an der Somme und bei Verdun im Ersten Weltkrieg, die Kesselschlachten des Zweiten wurden zum Symbol der Unmenschlichkeit militärischer Schlachten.

Im zwischenstaatlichen Bereich basiert das internationale System seit dem Ende des Dreißigjährigen Krieges zudem auf folgenden Komponenten:

1. Voneinander unabhängige, souveräne Staaten, die keinerlei über-staatliche Instanz oder Autorität anerkennen.
2. Alle Staaten gelten vor dem Recht als gleich. Die oft beträchtlichen Machtunterschiede zwischen den Staaten sind rechtlich irrelevant.
3. Konflikte zwischen Staaten werden letztlich mittels Machtpolitik, notfalls unter Einsatz militärischer Mittel entschieden.
4. Der Einsatz militärischer Mittel sowie der Krieg zwischen Staaten gelten als legitim. Die Kriegsvermeidung geschieht nicht aus moralischen Gründen, sondern aus Kosten-Nutzen-Kalkülen (von Bredow 1998).

Das internationale System seit dem Westfälischen Frieden basierte somit auf dem Doppelaspekt von Limitierung und Legitimierung des Krieges. Die Legitimierung des Krieges ist in dieser Perspektive die Voraussetzung seiner Limitierung (Schmitt 1963, neuerdings Stephan 1998), weil in dieser Perspektive der »Feind« im Krieg kein Verbrecher, kein Rechtsbrecher ist, sondern als prinzipiell gleich anerkannt wird. Erst diese prinzipielle Anerkennung des Gegners als gleich ermöglichte zum Beispiel den Abschluss von Friedensverträgen, die wesentlich problematischer sind, wenn der Feind als Verbrecher wahrgenommen wird.

Die entscheidende Frage ist, ob diese beiden Aspekte grundlegend zusammengehören oder aber nur eine historisch begrenzte Symbiose eingegangen sind. Für beide Annahmen gibt es gute Gründe. So kann argumentiert werden, dass erst die grundsätzliche Anerkennung des Gegners als gleiches Subjekt mit gleichen Rechten die Voraussetzung für jede Begrenzung des Krieges ist. Insbesondere Carl Schmitt betonte immer wieder, dass es eine Begrenzung des Krieges nur dann geben könne, wenn der Gegner nicht als Verbrecher wahrgenommen wird. Die notwendige Konsequenz wäre, jedem Staat das grundsätzliche Recht zum Krieg und damit zur Ausdehnung seiner Macht oder zur Eroberung zuzugestehen.

Auch für die umgekehrte Position gibt es Gründe. So kann man argumentieren, dass die Verbindung von Limitierung und Legitimierung des Krieges eine auf das europäische Staatensystem begrenzte Entwicklung vom Ende des Dreißigjährigen Krieges bis zum Beginn der Französischen Revolution gewesen sei. Da die Limitierung jedoch zugleich an die Legitimierung von Krieg gebunden blieb, mündete diese in Zeiten grundlegender gesellschaftlicher, industrieller und technologischer Veränderungen schließlich in die Kriege der Französischen Revolution und Napoleons sowie in die Katastrophen des Ersten und Zweiten Weltkrieges. Limitierung und Legitimierung von Krieg innerhalb Europas können demzufolge nicht von seinem Ausgang im 20. Jahrhundert getrennt werden. Im Gegensatz zum Recht auf Krieg, welches das »Westfälische System« implizierte, wurden denn auch nach dem Ersten und Zweiten Weltkrieg Angriffskriege erstmals geächtet.

Die Merkmale des europäischen Staatensystems wurden seit der Französischen Revolution in immer neuen Anläufen in Frage gestellt. Umstritten ist, ob bereits der »Weltkrieg 1792–1815« (vom Beginn der Französischen Revolution bis zur endgültigen Niederlage Napoleons – Förster 1997) das »Westfälische System« grundlegend in Frage stellte oder aber dieses durch seine Wiederherstellung auf dem Wiener Kongress von 1815 letztlich sogar befestigte. Wilfried von Bredow etwa geht von einer Zäsur durch die Französische Revolution aus (von Bredow 1998, 65), John Keegan sieht in ihr den Beginn der Entwicklung zum »totalen Krieg« (Keegan 1995, 35 ff.). Martin van Creveld wiederum will die Veränderungen durch die Französische Revolution nicht überbewertet wissen, weil trotz aller Veränderungen weiterhin Staaten gegeneinander gekämpft hätten (van Creveld 1998, 71).

Die Französische Revolution war ein entscheidender Schritt zur Totalisierung des Krieges innerhalb eines weiterhin existierenden Staatensystems. Zwar blieb die Unterscheidung von Kombattanten und Nicht-Kombattanten (mit Ausnahme der Aufstände gegen die Revolutionsarmeen in der Vendée und der irregulären Partisanenkämpfe in Russland und Spanien) generell in Kraft. Zugleich veränderte sich aber die innere Struktur der kriegführenden Staaten gravierend. Denn nunmehr wurde die ganze Nation für den Krieg mobilisiert. Diese Mobilisierung betraf jedoch nicht nur die jungen Männer, die zur Armee eingezogen wurden.

Die Deklaration der »Levée en masse« in Frankreich verkündete, dass sich *alle* Franzosen im Aufgebot für den Militärdienst befinden würden. So sollten die jungen Männer in den Kampf ziehen, die Verheirateten die Waffen schmieden und die Versorgung sichern, die Frauen Zelte und Kleidung herstellen und in den Krankenhäusern arbeiten, die Kinder Verbandmull herstellen und die alten Leute sich auf die öffentlichen Plätze begeben, um die Kampfmoral der Soldaten zu stärken und

Hass zu predigen. In der Deklaration heißt es: »Von diesem Augenblick an bis zu dem Zeitpunkt, da alle Feinde vom Territorium der Republik verjagt werden, befinden sich alle Franzosen im ständigen Aufgebot für den Militärdienst« (zit. Münkler 1992, 54).

Die Einbeziehung der ganzen Nation und all ihrer Mitglieder wurde zum Kriterium, das über Erfolg oder Misserfolg im Krieg entscheiden konnte. Hatte der preußische König noch nach den Niederlagen bei Jena und Auerstedt (1806) verlauten lassen, der König habe lediglich eine Schlacht verloren, und Ruhe sei die erste Bürgerpflicht, impliziert die Mobilisierung aller Mitglieder einer Nation eine vollkommen andere Identifizierung mit ihr. Insofern bedeutet die Französische Revolution ein Moment der Totalisierung des Krieges innerhalb der existierenden Staaten, weil Bürger und Soldat zu austauschbaren Figuren wurden. Die Grenze zwischen Kombattanten und Nicht-Kombattanten begann durchlässig zu werden.

Vor allem aber deutete sich eine grundlegende Umwertung des Krieges an. Im 18. Jahrhundert galt der Krieg im öffentlichen Bewusstsein unter dem Einfluss aufklärerischer Ideen als Torheit und Kulturschande; Kants Schrift *Vom ewigen Frieden* ist von diesem Bewusstsein geprägt. Demgegenüber betonte nach der Revolution Fürst Metternich, obwohl erklärter Gegner der Französischen Revolution und Symbolfigur der Restauration, dass ein Krieg, wenn er denn ausbricht, ein »moralisch-politischer« Krieg sei – der Krieg wurde erstmals ideologisiert und stellte die Anerkennung des Gegners infrage (Kunisch/Münkler 1998).

Folgerichtig gab es trotz der so genannten Restaurationsperiode eine Reihe von Revolutionen zur Beteiligung der Bürger an der Staatsmacht. Die innerstaatlichen Machtkämpfe zwischen 1815 und 1848 zählen zu den revolutionsreichsten Epochen in der europäischen Geschichte (Langewiesche 1989). Schon damals galt, dass Kriege in Europa seltener wurden, Bürgerkriege dagegen zunahmen und die revolutionäre Phase kein Ende fand. Die revolutionären Bürgerkriege in Europa stellten sowohl das Recht des Staates, allein darüber zu bestimmen, wer Freund und Feind sei, als auch das staatliche Gewaltmonopol in Frage.

Die Anfänge industrialisierter Kriegführung, die beiden Weltkriege und schließlich die Entwicklung von Massenvernichtungswaffen hatten zudem erhebliche Folgen für ein weiteres Prinzip des staatlichen Krieges: die weitgehende Schonung der Zivilbevölkerung und die Begrenzung der Gewalt durch die Verschiebung der Kampfhandlungen von flächendeckenden Zerstörungen auf begrenzte Schlachtfelder. Die »Entscheidungsschlachten« seit den napoleonischen Kriegen nahmen solche Ausmaße an, dass das ursprüngliche Ziel der Begrenzung der Gewalt in sein Gegenteil verkehrt wurde. Millionen von Menschen starben auf den Schlachtfeldern des Ersten Weltkrieges, noch mehr in den Kesselschlachten an der Ostfront des Zweiten Weltkrieges.

Die Entwicklung von Atombomben schien die Schutzfunktion des Staates für seine Bürger vollends ad absurdum zu führen. Die Erwartung von Gehorsam gegenüber staatlichen Institutionen und die Übertragung des Gewaltmonopols auf den Staat ist unmittelbar an das Schutzversprechen des Staates gebunden. Dieser Schutz ist eine zentrale Funktionsvoraussetzung des modernen Staates (Hobbes 1651, Münkler 1995). Kann diese Schutzfunktion nicht mehr gewährleistet oder plausibel gemacht werden, erscheint der Staat als Organisation mit einem ungeheuren, nicht-legitimierten Machtpotential, als »Ungetüm«. Der Ausbau der Militärpotentiale wird dann nicht mehr als notwendige Maßnahme zur Abschreckung eines Gegners wahrgenommen, sondern als Anmaßung, die erst den Krieg befördert.

Man muss somit eine widersprüchliche Entwicklung hinsichtlich des staatlichen Krieges in Europa konstatieren. Während bis zur Französischen Revolution der Staatenkrieg bezüglich seiner Ziele begrenzt blieb, auf der eindeutigen Unterscheidung von Kombattanten und Nicht-Kombattanten beruhte und durch die zeitliche und räumliche Konzentration auf eine Schlacht flächendeckende Verwüstungen vermieden wurden, begann diese Kriegsform seitdem zu erodieren. Die Einbeziehung der Zivilbevölkerung und die Ideologisierung des Krieges, eine tendenziell militaristische Mentalität verbunden mit der Technisierung und Industrialisierung der Kriegführung führten zu einer schrittweisen Entgrenzung von Krieg und Gewalt: zuerst in den napoleonischen Kriegen, dann in den Kolonialkriegen, weiterhin im amerikanischen Bürgerkrieg und schließlich im Ersten, vollends dann im Zweiten Weltkrieg.

Die Zeit des atomaren Wettrüstens seit Hiroshima und Nagasaki ist einerseits geprägt durch eine neue Qualität der Totalisierung und Ideologisierung der Gewalt, andererseits durch eine beispiellose Anstrengung zur Vermeidung des Krieges, der zur atomaren Selbstvernichtung des Planeten hätte führen können. Die Dialektik von Entgrenzung und Begrenzung der Gewalt wurde im (verhinderten) Staatenkrieg des Atomzeitalters auf die Spitze getrieben.

Bürgerkriege

Bürgerkriege unterscheiden sich von Staatenkriegen durch ihre besondere Grausamkeit und den exzessiven Gebrauch von Gewalt. Während in staatlichen Kriegen eine gewisse Begrenzung der Gewalt dadurch möglich ist, dass die Bevölkerung in unterschiedlichen geographischen Gebieten lebt, sind Bürgerkriege dadurch gekennzeichnet, dass zwei feindliche Gemeinschaften Anspruch auf ein und dasselbe Gebiet erheben (Diner 2000). So »zahlt sich« in Bürgerkriegen die Vernichtung einer möglichst großen Zahl von Kombattanten und Nicht-Kombattanten nicht nur im Kampf selber »aus«, sondern sichert nach einem möglichen Friedensschluss darüber hinaus eine relative zahlenmäßige Überlegenheit, zum Beispiel bei allgemeinen Wahlen (Waldmann 1998 a).

Bei Bürgerkriegen handelt es sich in der Regel nicht um Eroberungskriege im üblichen Sinne, um Zuwachs an Macht und Gebieten (Waldmann 1998 a, 21), wenngleich sie dadurch ausgelöst werden können. Vielmehr steht in Bürgerkriegen oftmals eher die Existenz der beteiligten Gruppen als solche, ihre Identität und zuweilen die physische Existenz ihrer Mitglieder auf dem Spiel.

Bürgerkriege beginnen zumeist mit der gewaltsamen Auflehnung gegen eine etablierte Staatsmacht, sei es, weil eine bisher unterdrückte Gemeinschaft die Staatsmacht erobern, sei es, weil sie sich aus deren Bevormundung lösen will. Dadurch wird der Staatsverband als solcher in Frage gestellt, was seitens der existierenden Staatsmacht zu drakonischen Sanktionen gegen die rebellierende Gruppe führt. Die Staatsmacht wird aus Gründen der Abschreckung und um zu verhindern, dass die Rebellion an Stärke zunimmt, alles tun, um sie im Keim zu ersticken. Die Rebellen werden im Bewusstsein ihrer anfänglichen Unterlegenheit ihrerseits in der Wahl ihrer Kampfmittel nicht »zimperlich sein« und die Gewalt eskalieren lassen (Waldmann 1998, 20–22), um die Unterstützung der staatlichen Institutionen seitens der Zivilbevölkerung durch den Bruch des staatlichen Gewaltmonopols aufzuheben. Gelingt ihnen dies, verwandelt sich der Staat von einer übergeordneten Institution zur Befriedung der Gesellschaft zu einer Bürgerkriegspartei unter anderen. Dadurch wird ihm seine grundlegende Legitimation als Staat entzogen.

Bürgerkriege können um nichts anderes als die Erringung der Macht im Staat zwischen großen Gemeinschaften geführt werden. Dies ist dann der Fall, wenn der Staat als Institution zur Gewährleistung inneren Friedens noch unausgebildet oder bereits im Zerfall begriffen ist und eher als Instrument zur Unterdrückung politischer oder ethnischer Gruppen dient. Beispiele hierfür sind etwa die von Thukydides geschilderten Bürgerkriege auf Kerkyra im Rahmen des Peloponnesischen Krieges, der Bürgerkrieg zwischen Caesar und Pompeius sowie die römischen Bürgerkriege und Rebellionen zur Zeit der Soldatenkaiser. In diese Kategorie fallen (zumindest in der Darstellung von Thomas Hobbes) auch der englische Bürgerkrieg im 17. Jahrhundert und die zahlreichen inneren Kriege im heutigen Schwarzafrika. Letztere wurden auch als »Raubtierkriege« bezeichnet (Mary Kaldor), weil in ihnen der Staat als bloßes Instrument zur besseren Ausplünderung und Unterdrückung anderer Gemeinschaften fungiert. Religiöse oder weltanschauliche Unterschiede zwischen den kämpfenden Parteien werden hier zumeist nur als Mittel zur Mobilisierung der eigenen Kämpfer benutzt und dienen lediglich zur Legitimation des Kampfes, ohne dass sie wirklich eine entscheidende Rolle spielen (Kaldor 2000).

Anders sieht es mit Bürgerkriegen aus, die nicht Resultat von Revolten sind, sondern von Revolutionen, in denen das ideologische Moment eine entscheidende Rolle spielt. Seit dem 17. und 18. Jahrhundert haben politische Revolutionen die Welt fundamental verändert – zunächst in Europa, Nord- und Südamerika, schließlich weltweit. Fast immer waren sie mit zwischenstaatlichen Kriegen und Bürgerkriegen verbunden. Ohne die Dynamisierung durch den äußeren Krieg wäre die Radikalisierung von Revolutionen, wie sie sich etwa in der Französischen und der Russischen Revolution zeigte, nicht zu verstehen (Langewiesche 1989), genauso wenig wie der Wandel von Staatenkriegen zu Revolutionen und Völkerkriegen. In der Geschichte gibt es einen nahezu unauflösbaren Zusammenhang zwischen Krieg und Revolution – vielleicht mit Ausnahme des Epochenjahres 1989, wenn man die Demokratisierung der sozialistischen Staaten als Revolution bezeichnen will.

Waren Revolutionen bis zur Mitte des 19. Jahrhunderts weitgehend bestimmt durch die Ablösung der Adelsherrschaft durch demokratische Partizipation der Bürger an der Herrschaft im Staat, so trat spätestens mit der Pariser Kommune von 1871 ein anderer Typus in den Vordergrund. Die politische Auseinandersetzung wurde überlagert durch die so genannte soziale Frage. Obwohl die Revolutionen sich seit der Russischen Revolution marxistisch legitimierten und ihre Repräsentanten sich als Vertreter des Proletariats verstanden, waren die Revolutionsansätze, die erfolgreich waren, im Wesentlichen Bauernrevolutionen. Demgegenüber scheiterten nahezu alle Revolutionen, die sich auf die Arbeiterschaft stützten. Erfolgreich waren die russische wie die chinesische Revolution genauso wie die zahlreichen Revolutionen der Dritten Welt in ihrem Kampf um Dekolonialisierung, weil sie Bauernrevolutionen waren und nicht, weil sich ihre Träger als Marxisten verstanden.

Nicht-staatliche Kriege

Strittig ist die Frage, ob das bisherige Scheitern des europäischen Staatsmodells in Afrika darauf hindeutet, dass dieses Modell fehlerhaft ist, oder ob es umgekehrt in Afrika noch überhaupt keinen voll entwickelten Staat gibt (Spanger 2002). Ebenfalls umstritten ist die Frage, ob es sich bei den inneren Kriegen Afrikas um Bürgerkriege oder um nicht-staatliche Kriege handelt. Die Grenze zwischen Bürgerkriegen und nicht-staatlichen Kriegen ist unmittelbar einleuchtend in solchen Fällen, in denen Kämpfe innerhalb einer Gemeinschaft stattfinden, die nicht-staatlich organisiert ist. Problematisch ist diese

Abgrenzung jedoch in Fällen, in denen zwar formal weiterhin ein staatlicher Rahmen vorgegeben ist, die Dynamik der Kämpfe jedoch nicht durch den Bezug auf den Staat zu erklären ist, sondern anderen Hintergründen entspringt. Besonders deutlich ist diese Problematik im Falle der Verselbständigung von Gewalt in langandauernden Bürgerkriegen. Hier spielt die ursprüngliche Intention zumeist nur noch eine geringe Rolle. In den Gewaltmärkten Afrikas geht es hauptsächlich um individuelle wie kollektive Bereicherung mittels Gewalt (Waldmann 1998 b, 117 ff.).

Es ist weiterhin umstritten, was die Formel von der Eigendynamik der Gewalt in nicht-staatlichen Kriegen und Gewaltexzessen jeweils besagt. Sie kann etwa bedeuten, dass die Bildung von Gemeinschaften durch gemeinsam ausgeübte Gewalt zu einem Wiederholungszwang führt. Das Bewusstsein von einer gemeinschaftlich ausgeübten Gewalt stiftet in dieser Perspektive erst eine Gemeinschaft und muss zu deren Aufrechterhaltung immer neu aktualisiert werden.[3] Darüber hinaus ist aber vor allem die Verselbständigung des Gewaltapparats, die Privatisierung und schließlich die Kommerzialisierung von Gewalt besonders hervorzuheben.[4]

Die Verselbständigung des Gewaltapparats erfolgt zunächst schleichend. Aufstandsbewegungen müssen auf Dauer gestellt sein, wollen sie erfolgreich sein. Je weitreichender die anvisierten Ziele sind, desto weniger kann damit gerechnet werden, sie seien im Handstreich zu verwirklichen. Diese längerfristige Perspektive führt jedoch nicht nur zur Bildung von Führungsstäben und einer Infrastruktur, sondern auch zur Notwendigkeit einer dauerhaft angelegten Ausrüstung und Versorgung

3 Hierin scheint mir der rationale Kern der Analysen von Wolfgang Sofsky zu liegen; Sofsky 1996 und 2002.

4 Zur Verselbständigung der Gewalt in Bürgerkriegen vgl. Waldmann 1998 b. Am ausführlichsten wird das Thema der Bürgerkriegsökonomien behandelt in Rufin/Rufin 1999.

von Kämpfern. Wenn eigene Mittel hierfür fehlen, werden oft kriminelle Beschaffungsmethoden angewandt (in Form von Schutzgeldern, Banküberfällen, Geiselnahmen und Erpressungen) und finanzielle Mittel im illegalen Handel vor allem mit Drogen beschafft. Mögen diese Formen von Geldbeschaffung den Beteiligten anfangs durch den angestrebten Zweck oder die eigene bedrängte Lage gerechtfertigt erscheinen, so bahnt sich hier doch bereits die Verwischung von politischer und privater Gewaltanwendung an.

Auch die zweite Stufe der Eskalation von Gewalt ist zunächst schleichend und beginnt mit der Wahrnehmung quasistaatlicher Aufgaben seitens der Aufständischen, die zum Beispiel Polizeifunktionen übernehmen. Durch die Dauerhaftigkeit solcher Funktionsübernahmen entsteht jedoch ein Missverhältnis zwischen den angestrebten Zielen und dem Mittel der Gewaltanwendung. Was in einer Verteidigungssituation oder im revolutionären Akt noch in Kauf genommen wird, führt auf Dauer zu Spannungen zwischen den Gewaltorganisationen und den Trägerschichten des Aufstandes. Die Folgen sind gewaltsame Unterdrückung von Protesten sowie die Bildung von rivalisierenden Fraktionen innerhalb der Aufständischen, die sich untereinander gewaltsam bekämpfen. Im Endeffekt wird Gewalt für vielfältige Zwecke instrumentalisierbar und dient der individuellen Bereicherung, der Befriedigung von Rachsucht, Neid, Eifersucht und kriminellen Motiven. Sie wird schließlich privatisiert.

Die letzte Eskalationsstufe, die Kommerzialisierung von Gewalt, ist besonders deutlich im heutigen Kolumbien virulent. Die Gewalt hat dort die gesamte Gesellschaft durchdrungen. Im Gegensatz zu früheren Stufen privatisierter Gewalt wird in Kolumbien oftmals nicht mehr eigenhändig getötet, sondern man lässt töten. Tödliche Gewalt ist hier zu einer »normalen« und käuflichen Dienstleistung geworden. Allein in Medellin gibt es Dutzende von »Büros«, die von Tötungsaufträgen leben. Es reicht aus, ein Foto des designierten Opfers vorzulegen und sich über den Preis zu einigen, der je nach Rang und Begleitschutz des Todeskandidaten erheblich schwanken kann. Die anfänglich politisch begrenzte Gewalt diffundiert in Bürgerkriegsökonomien und greift auf die Sphäre privater Bereicherung über, um schließlich zur kommerziellen Ware zu werden.[5]

Die Verselbständigung von Gewalt in Bürgerkriegsökonomien hängt unmittelbar mit den relativ niedrigen Kosten der neuen Handfeuer- und Schnellfeuerwaffen zusammen. Zudem herrschte nach dem Ende des Ost-West-Konflikts ein reiches Überangebot an solchen Waffen. In der Regel werden die neuen Kriege mit »leichten Waffen« geführt, mit automatischen Gewehren, Mehrfachraketenwerfern und Landminen. Da sich zudem die angeworbenen Soldaten, nicht selten so genannte Kindersoldaten, zumeist »aus dem Land« selbst, das heißt durch Raub und den Handel mit illegalen Gütern, ernähren, sind die neuen Kriege, sind die Milizen und Warlordverbände deutlich billiger als die regulären Truppen früherer Jahrzehnte (Münkler 2002, 134). »Der Krieg ernährt den Krieg«, wie bereits Friedrich Schiller (im *Wallenstein* und in seiner *Geschichte des Dreißigjährigen Kriegs*) wußte.

5 Zumindest problematisch ist die Position von Waldmann, dass Gewalt nicht nur staatlich-politisch eingebunden, sondern in der Anbindung an den Markt, durch Kommerzialisierung, »relativ dauerhaft organisiert *und reguliert* werden kann« (Waldmann 1998 b, 132; Hervorhebung Herberg-Rothe). Waldmann beschreibt einerseits die Zerstörung von Gesellschaft durch die Entgrenzung kommerzialisierter Gewalt in Kolumbien, sodass andererseits unverständlich scheint, wieso diese Kommerzialisierung Gewalt regulieren soll.

Dialektik des staatlichen Krieges

Fassen wir zusammen, so bleibt die innere Dialektik des modernen Staatenkrieges besonders hervorzuheben. Auf der einen Seite ist die Kriegführung von Staaten im Allgemeinen weit weniger gewaltförmig und grausam als diejenige nicht-staatlicher Gemeinschaften. Besonders deutlich wird dieser Aspekt des staatlichen Krieges, wenn wir ihn in Beziehung zu gegenwärtigen Formen der Konfliktaustragung in Bürgerkriegen und Gewaltmärkten setzen. Formell findet diese Begrenzung des staatlichen Krieges ihren Ausdruck im Völkerrecht und in den Bestimmungen der Haager Landkriegsordnung.

Auf der anderen Seite ist die Kriegführung von Staaten durch eine besondere Entgrenzung der Gewalt gekennzeichnet, die ihren höchsten Ausdruck in der Möglichkeit der atomaren Selbstvernichtung fand. Aber auch hier gilt, dass ein atomarer Krieg möglicherweise gerade deshalb nicht ausgebrochen ist, weil in den staatlichen »Erfüllungsstäben« (Münkler 1995) weiterhin ein Minimum an Rationalität – trotz des ideologischen Gegensatzes – erhalten blieb. Ob man daraus ableiten soll, dass die existierende Staatenwelt in jedem Fall zu stärken sei, um den Kampf aller gegen alle zu vermeiden (Delmas 1997), ist umstritten. Die Verbindung von staatlicher Herrschaft, ideologischem Hass und Vernichtungskapazitäten ungeheuren Ausmaßes, etwa im Nationalsozialismus oder im Stalinismus, bleibt die dunkle Seite der Geschichte des europäischen Staates.

2 Moderne, Krieg und Gewalt

Moderne, Krieg und Gewalt – eine »unendliche Geschichte«, deren Ausgang noch nicht feststeht. Zwei Sichtweisen bestimmen die Diskussion: Entweder wird angenommen, dass Moderne einerseits und Krieg beziehungsweise Gewalt andererseits gegensätzlich sind, oder aber, dass erst die sich als »friedliebend« begreifende Moderne ein in der Geschichte der Menschheit beispielloses Gewaltpotential entwickelt und die Büchse der Pandora geöffnet hat.

Zur vorletzten Jahrhundertwende stellte der *Daily Mirror* voller Enthusiasmus die Perspektive einer friedlichen Weltgesellschaft in Aussicht und begründete die Unmöglichkeit eines Krieges zwischen England und dem Deutschen Reich mit der wirtschaftlichen Verflechtung beider Staaten. Weite Teile der damaligen Öffentlichkeit gingen von der optimistischen Annahme aus, dass in modernen Gesellschaften desto weniger Platz für gewaltförmige Orientierungen und militärische Strukturen bleibe, je mehr sich liberaler Bürgersinn und kapitalistische Industrialisierung verbreiteten. Auch für die zeitgenössischen Gründungsväter der Soziologie war die Theorie vom friedfertigen Charakter der Industriegesellschaft konstitutiv (Joas 2000, 192–194). Der Erste und der Zweite Weltkrieg zerstörten diese Hoffnungen auf ein friedliches 20. Jahrhundert aufs brutalste.

Nach dem Epochenjahr 1989 wurden erneut ähnliche Erwartungen formuliert, vor allem in Francis Fukuyamas einflussreichem Essay über ein Ende der (gewaltsamen) Geschichte (Fukuyama 1992). Der Siegeszug von Demokratie und Marktwirtschaft schien unaufhaltsam geworden zu sein und mit ihm das 21. Jahrhundert ein weitgehend friedliches, weil ökonomisch bestimmtes zu werden. Auch diesmal wurden die Erwartungen enttäuscht, nicht nur durch die permanenten Massaker und Völkermorde in Afrika, sondern auch durch die Rückkehr des Krieges nach Europa, vor allem im ehemaligen Jugoslawien, und durch die Anschläge vom 11. September 2001 in den USA. Es genügt freilich nicht, diese Erwartungen mit dem Gestus des historisch Belehrten als reine Spekulation abzutun – das dahinterstehende Problem ist grundlegender.

Das Selbstverständnis der Moderne als historisches Projekt seit dem 17./18. Jahrhundert ist gekennzeichnet durch den Übergang von der gewaltsamen Austragung innergesellschaftlicher Konflikte zu gewaltfreien Prozeduren der Konfliktregelung (Joas 2000). Aus diesem Selbstverständnis folgt notwendigerweise, dass das Projekt der Moderne auf einen umfassenden Frieden angelegt ist. Für Jan Philipp Reemtsma ist dies jedoch der illusorische Versuch der europäischen Moderne, sich einzureden, sie befinde sich auf »auf dem Weg aus einer Welt der Gewalt in eine Zukunft der Gewaltarmut wenn nicht -freiheit«. Vielmehr habe sich aus dem »Jahrhundert der Humanität und der Brüderschaft aller Menschen« mit Auschwitz ein Jahrhundert des »Völkermords und der Massenschlächtereien« entwickelt (Reemtsma 1999, 11).

Besonders einflussreich wurde Herbert Spencers Unterscheidung von »militant society« und »industrial society«. Für

Spencer definiert sich die kriegerisch-kämpferische Gesellschaft durch den Primat der kollektiven Fähigkeit zum gewaltsamen Handeln nach außen. Eine derart hierarchisch strukturierte Gesellschaft ordne das Individuum dem Zweck des Kollektivs vollständig unter. Dagegen ist der industrielle Gesellschaftstyp für ihn bestimmt durch freiwillig eingegangene vertragsförmige Beziehungen zwischen den Individuen. In einem solchen Gemeinwesen entfalten sich Individualismus, Marktwirtschaft und demokratische Partizipation. Nach außen hin bemüht sich dieses Gemeinwesen um vertragsförmige Beziehungen zu anderen zum Zwecke wechselseitigen Nutzens (zit. Joas 2000, 192–193).

Der Konflikt um den Zusammenhang von Moderne, Krieg und Gewalt ist jedoch nicht einfach durch den Bezug auf »historische Tatsachen« zu lösen. Denn das Vorkommen von Krieg und Gewalt in der Moderne könnte auch Indiz für eine unvollständige Modernisierung sein, oder es könnte eine nachholende Modernisierung andeuten, statt einen unmittelbaren Zusammenhang von Moderne und Gewalt zu belegen. Diesem Verständnis zufolge gibt es in der historischen Entwicklung Vorreiter und Nachzügler. Um den Entwicklungsabstand zu verkürzen, seien die Nachzügler gezwungen, auf nichtmoderne Gewaltstrukturen zurückzugreifen.

Prägend für diese Sichtweise ist der Begriff der Entwicklungs- oder Modernisierungsdiktatur beziehungsweise derjenige eines deutschen Sonderweges. So sind die preußischen Militärreformen zwischen 1814–1815 ein frühes Indiz für die Möglichkeit der Modernisierung von gesellschaftlichen Teilbereichen oder Subsystemen, ohne dass sich die gesamte Gesellschaft und insbesondere das politische System ebenfalls modernisieren müsste. Den Militärreformern gelang zwar die Anpassung der preußischen Armee an die neuartigen Anforderungen der Kriegführung. Die angestrebte Zivilisierung des Militärs sowie die wie auch immer begrenzte Erweiterung der politischen Teilhabe wurde in der folgenden Restaurationsperiode in wesentlichen Teilen jedoch wieder zurückgenommen. Spezifisch für den deutschen Sonderweg ist damit die Modernisierung von Teilbereichen von Gesellschaft und Wirtschaft, ohne dass dieser Modernisierung eine analog moderne demokratische Staatsform entsprochen hätte (Frevert 1997, 94–118).

Ausgehend von der Sonderwegsthese, kann man die Frage stellen, ob die beiden demokratischen Vorreiter England und USA wirklich Modellcharakter haben oder eher selber eine historische Ausnahme bilden. Zudem stellt sich das grundlegende Problem, was denn nun spezifisch modern ist – wirtschaftlich-industrielle beziehungsweise technologische oder emanzipatorisch-demokratische Entwicklung. Der Marxismus nahm an, dass es einen unmittelbaren Zusammenhang zwischen beiden Formen der Modernisierung gebe. Je entwickelter eine Gesellschaft in Beziehung auf Wirtschaft, Industrie und Technologie sei, desto größer die Chance auf Emanzipation und Demokratisierung. Dies war auch der Hintergrund der Modernisierungstheorien der sechziger und siebziger Jahre des 20. Jahrhunderts und die Voraussetzung für die weltweite Förderung industriellen Wachstums, denen Demokratie und Emanzipation auf dem Fuß folgen sollten. Auch diese Erwartungen sind enttäuscht worden. Die entgegengesetzte Position führt heute das Argument ins Feld, dass erst Demokratie und Emanzipation Voraussetzung einer erfolgreichen ökonomisch-technologischen Entwicklung seien.

Der jeweilige Blick auf die Moderne und die Problematik, ob Moderne und Gewalt einen grundlegenden Gegensatz bilden, einander bedingen oder sich gar wechselseitig verstärken, ist abhängig von der Frage, welche Revolution zur Kennzeichnung des Modernebegriffs verwendet wird. Bestimmen wir ihn in Zusammenhang mit den politischen Revolutionen in England, den USA und Frankreich, rücken Emanzipation, demokratische Partizipation und Freiheit in den Vordergrund – unabhängig davon, wie man die Französische Revolution und ihren gewaltsamen Charakter bewertet. Wird der Beginn der Moderne dagegen mit der rationalistisch-ökonomischen Revolution angesetzt, also mit Descartes, Galilei, Leibniz und Adam Smith, nehmen wir andere Inhalte in den Blick (Toulmin 1994).

Die Auffassung von Moderne als einem fortschreitenden Prozess der Ablösung von gewaltsamen Strukturen hat ihren Ursprung im geschichtsphilosophischen Modell der Aufklärung, es gebe einen unaufhaltsamen Fortschritt. Schon in seiner Beantwortung der Frage »Was ist Aufklärung?« begreift Kant diese nicht als bereits erreichten Zustand, sondern als zwar begonnenes, aber erst zu realisierendes Projekt, dessen Ziel indessen vorgegeben ist. Man könne die Geschichte als die Vollziehung eines verborgenen Plans der Natur ansehen, um eine innerlich – und zu diesem Zweck äußerlich – vollkommene Staatsverfassung zustande zu bringen. Der ewige Friede sei keine leere Idee, sondern eine Aufgabe, die, nach und nach gelöst, ihrem Ziel beständig näher kommt (siehe auch Kant 1995, 24).

Anstelle einfacher Entgegensetzungen oder Gleichsetzungen von Moderne und Gewalt hat Norbert Elias eine dialektische Konzeption entwickelt. In ihr sind Kriege in der Moderne Mittel zu einer umfassenden Pazifizierung und letztlich zur Errichtung eines Weltstaates. Ausgangspunkt dieser Entwicklung sind für Elias die Monopolisierungstendenzen des ausgehenden Mittelalters und Kämpfe zwischen den Territorialherrschern, die zur Entwicklung von modernen Staaten mit innerem Gewaltmonopol geführt haben. Die Herausbildung immer größerer Territorialstaaten überträgt Elias auf der Grundlage seines geschichtsphilosophischen Fortschrittsmodells auf die Welt als ganze.

Die existierenden Staaten – so betonte er in den späten dreißiger Jahren des 20. Jahrhunderts – befänden sich in einer grundlegenden Spannungs- und Konkurrenzsituation, die unweigerlich in Ausscheidungswettkämpfe um die Weltherrschaft münden würde. »Und man sieht (...) hinter den Spannungen der Erdteile, und zum Teil in sie verwoben, bereits die Spannungen der nächsten Stufe auftauchen. Man sieht die ersten Umrisse eines erdumfassenden Spannungssystems von Staatenbünden, von überstaatlichen Einheiten verschiedener Art, Vorspiel von Ausscheidungs- und Vormachtkämpfen über die ganze Erde hin, Voraussetzung für die Bildung eines irdischen Gewaltmonopols, eines politischen Zentralinstituts der Erde und damit für deren Pazifizierung« (Elias 1997, 262 f.). Elias' Konzeption ähnelt damit der Hegelschen List der Vernunft, die zwar die zahllosen Opfer in diesen »Ausscheidungskämpfen« nicht legitimiert, aber die Hoffnung nicht aufgibt, dass die immer zerstörerischer werdenden Gewaltformen keineswegs das eigentliche Ende der Geschichte bedeuten müssen.

Die Intentionen Kants erneuernd, begründet Otfried Höffe die Notwendigkeit einer künftigen Weltrepublik. Seine Sorge gilt der Gefahr, dass die gegenwärtige Globalisierung mit einem Abbau von Demokratie in zahlreichen Staaten bezahlt werde. Die Globalisierung befördere aber die Entstehung von Problemen, die den jeweiligen nationalen Rahmen sprengen. Die notwendige Folgerung ist für ihn eine globale Demokratie als Weltrepublik mit eigenen öffentlichen Gewalten und Souveränitätsrechten. Im Unterschied zu Elias sieht er diesen republikanischen wie föderalen Weltstaat aus den existierenden internationalen Organisationen und Vertragsverhältnissen hervorwachsen. Eine solche Perspektive scheint angesichts der aktuellen Prozesse des Staatszerfalls nur auf den ersten Blick völlig realitätsfern zu sein. Vielmehr begründet Höffe ihre Notwendigkeit gerade aus dem Zerfall des Staates, um einen blutigen Weltbürgerkrieg zu verhindern (Höffe 2002, ähnlich Czempiel 2002).

Dagegen betont Wolfgang Sofsky, dass ein Weltstaat sich auf eine gewaltige »Agentur der Repression« stützen müsste. Ohne einen gigantischen Militär- und Polizeiapparat sei ein globaler Waffenstillstand nicht zu haben. Ein solcher Weltstaat könne zwar den einen oder anderen Kleinkrieg durch massive Intervention eingrenzen oder »lokale Räuberbanden« zur Rechenschaft ziehen. Im Vergleich zu diesen Vorteilen sieht Sofsky jedoch als entscheidendes Problem eines solchen Weltstaates dessen nahezu totalitäre Macht an. Der Weltstaat, dieses »grandiose Projekt allumfassender Gleichartigkeit«, werde auf der Welt keinen »freien Winkel« mehr dulden. Wie jedes Imperium werde er auf zahllose Opfer gegründet sein, und es seien Heerscharen von Exekutoren nötig, um das Regime zu sichern. Zudem sei jede Grenze aufgehoben, über die Menschen in ein sicheres Exil fliehen könnten. »Wer dem Weltstaat entkommen möchte, dem bliebe als Fluchtort nur noch der Mond« (Sofsky 2002, 73).

Der Einschätzung des Weltstaates durch Höffe und Sofsky liegt eine unterschiedliche Bestimmung des Politikbegriffs zugrunde. Während Höffe Politik im wesentlichen durch die Herstellung von Übereinstimmung zwischen den Menschen und Partizipation der Bevölkerung an der politischen Herrschaft bestimmt sieht, begreift Sofsky Politik als reinen Machtkampf. Im Politischen gehe es keineswegs um Kompromiss oder Konsens. Vielmehr sei Fundament der Politik ihre »Verfolgungs- und Verletzungsmacht«, welche jeder Untertan im Ernstfall am eigenen Leib zu spüren bekomme (ebd. 73). Dolf Sternberger hat die fundamentale Unterschiedlichkeit der beiden Politikbegriffe betont, wenn er resümierend fragt: »Ist es der Konflikt der Interessen, der Mächte, Glaubenshaltungen und Willensregungen, was das Politische somit in seinem eigentümlichen Wesen kennzeichnet? Oder ist es vielmehr der Ausgleich, der Kompromiß, der Vertrag, die gemeinsame Lebensregel. Und umgekehrt gefragt: Sollen wir den Frieden – den Bürgerfrieden wie den Völkerfrieden – als die Abschaffung und Überwindung, als die Negation der Politik deuten, oder, im Gegenteil, als ihre Vollendung?« (Sternberger 1978). Kampf um Macht und Herrschaft auf der einen, gemeinsames Handeln und Herstellung von Übereinstimmung auf der anderen Seite, dies sind die beiden entgegengesetzten Wesensbestimmungen von Politik, die sich durch die Geschichte der politischen Ideen hindurchziehen.

Besonders nach dem Zweiten Weltkrieg, nach Nationalsozialismus und Stalinismus, wurde der Zusammenhang von Moderne und Gewalt betont. Sigmund Freud und Norbert Elias hatten zwar schon früher auf die »psychische Schattenseite« der Moderne hingewiesen, diese jedoch weitgehend als Voraussetzung einer letztlich gelingenden Zivilisierung verstanden. Max Horkheimer und Theodor W. Adorno argumentierten dagegen in ihrer *Dialektik der Aufklärung* (1947), dass im Prozess der Zivilisation die Moderne zugleich die Möglichkeit immer bedrohlicher werdender Barbarei produziere. Aufklärung habe ein Doppelgesicht. Das Ziel der Aufklärung, die Emanzipation des Menschen von der Natur, die »Entzauberung der Welt«, führe zur Auslöschung von allem, was sich dem Maß von Berechenbarkeit und Nützlichkeit nicht füge (Horckheimer/Adorno 1969, 11–15).

Diesem Ansatz folgend, hat Zygmunt Bauman hervorgehoben, dass der »Krieg gegen das Chaos sich in eine Vielzahl lokaler Kämpfe um Ordnung« zersplittert und eben Krieg ist (Bauman 1992, 25). Der moderne Staat sei als eine missionierende, bekehrende, Kreuzzüge führende Macht entstanden. Es sei darum gegangen, die beherrschten Bevölkerungen einer gründlichen Kontrolle zu unterwerfen, um sie »in eine ordentliche Gesellschaft zu transformieren, die den Vorschriften der Vernunft entsprach.« Für Bauman ist die »typisch moderne Praxis, die Substanz moderner Politik, des modernen Intellekts, des modernen Lebens« die Anstrengung, genau zu definieren – »und alles zu unterdrücken oder zu eliminieren, was nicht genau definiert werden konnte und wollte« (ebd., 20f., 35).

Für Bauman mussten die Juden vernichtet werden, weil sie nicht ins Bild einer perfekten Gesellschaft passten. Der Massenmord sei für die Nationalsozialisten (genauso wie für die Stalinisten die Vernichtung aller »Abweichler«) kein Werk der Zerstörung gewesen, sondern ein schöpferisches Werk. »Die bessere Welt, effizienter, moralischer, schöner, (...) war die rassisch reine, arische Welt, eine harmonische, konfliktfreie Welt, leicht zu lenken, geordnet, kontrollierbar. Der Holocaust ist ein Nebenprodukt des modernen Strebens nach einer umfassend geplanten und gesteuerten Welt« (Bauman, 1992, 107f.).

Im Anschluss an Nietzsche wendet sich Michel Foucault gegen eine nur negative Konzeption von Macht. Vielmehr habe Macht, und damit implizit auch der gewaltsame Kampf um Macht, eine produktive, gemeinschaftsbildende Funktion. Kein moderner Staat sei ohne gewaltsamen Kampf entstanden. Mit der Entstehung der neuzeitlichen Staaten ist für Foucault ein tiefgreifender gesellschaftlicher Wandel verbunden. In *Überwachen und Strafen* (1976) analysiert er die neuen Formen des Gefängniswesens, weil dieses seines Erachtens paradigmatische Bedeutung für das Verständnis der modernen Gesellschaft hat. Im Zentrum der neuen Ordnungsmacht stehe die Disziplinierung des Körpers.

Besonders deutlich wird dieser Aspekt der Moderne jedoch im Militärwesen. Die Disziplinierung begann bereits mit der Heeresreform der Oranier in den Niederlanden im ausgehenden 16. Jahrhundert. Um sich gegen ihre überlegenen spanischen Gegner zu behaupten, entwickelten die Oranier über mehrere Generationen hinweg stehende Heere und banden diese in einen strengen Drill ein. Ihr Disziplinideal wurde Vorbild für das absolutistische Zeitalter: Präzise wie ein Uhrwerk sollten die Bewegungen der »Truppen-Körper-Maschine« ablaufen, und die Soldatenabrichtung war die »Kunst des Rädchenschleifens«. Zweck dieser Form der Disziplinierung war es, alle kämpfenden Soldaten in einen Kampfverband und eine taktische Formation zu integrieren, um die Bewegung der einzelnen Körper der Bewegung des Gesamtkörpers unterzuordnen (Kleinschmidt 1996).

Bekannt in der Geschichte militärischer Disziplinierung sind die Soldatendressur und die grausamen Strafrituale im Preußen des 18. Jahrhunderts. Weniger bekannt ist, dass die historische Entwicklung der Disziplinierung mit der Französischen Revolution und den preußischen Militärreformen nicht etwa aufgehört hat, sondern effektiver geworden ist, bis hin zum deutschen Faschismus. Die Nationalsozialisten erfanden keine wirklich neuen Disziplinierungstechniken, sondern wandten die bereits bekannten und erprobten mit wissenschaftlicher Gründlichkeit und kompromissloser Härte an, um ihr Vernichtungsprogramm in die Tat umzusetzen.

»Vom körperlichen Drill zur geistigen Mobilisierung, vom engen zum immer weiter gefaßten Befehl, vom Disziplinideal der mechanischen zur energetischen Maschine« verläuft die historische Entwicklung militärischer Disziplinierung als Geschichte einer totalisierenden, die Gewalt entgrenzenden Macht (Bröckling 1997, Kleinschmidt 1996, 197–200). Die Disziplinierung der Soldaten hatte damit ein Doppelgesicht: Auf der einen Seite ermöglichte sie die Begrenzung unmittelbarer Gewalt, weil zum Zwecke der geregelten Abgabe von Gewehrsalven unmittelbare Aggression dysfunktional gewesen wäre; auf der anderen Seite erhöhte sich durch die Fortschritte der Disziplinierung die Verfügungsgewalt über den Einzelnen und wurde total. Am (vorläufigen?) Ende dieser Entwicklung standen die nationalsozialistischen KZ's und der stalinistische Gulag, die als Modell für die gesamte Gesellschaft konzipiert wurden (Arendt 2001).

Die Geschichte der Disziplinierung in der Moderne fand ihren Höhepunkt unzweifelhaft im Nationalsozialismus. Im Rhythmus der Körperbewegungen sahen die NS-Pädagogen das entscheidende Moment der Erziehung zum »Neuen Menschen«. Soldaten marschierten stundenlang an ihrem »Führer« vorbei, bis sie auf einem Aufmarschplatz riesige geometrische Vierecke bildeten. »Dieses militaristische mechanische Ballett bildete die visuelle Verkörperung machtvoller Dynamik und vollkommener Unterwerfung.« Die Soldaten funktionierten als vollendete Kampfmaschinen, ohne Emotionen oder internalisierte Moral, aber mit einer Mentalität, die notwendig ist, um die Welt »aus den Angeln zu heben«, wie eine populäre zeitgenössische Metapher dies beschrieb. Die »Urkraft des Rhythmus, der auf der Grenze alles Rationalen und Irrationalen beheimatet ist«, ersetzte das moralische Gesetz (Hüppauf 1993, 92).

Die Moderne in der ersten Hälfte des 20. Jahrhunderts ist geprägt durch den Mythos der Bewegung, der Veränderung und des Experiments. »Es ist alles erlaubt, was zum Erlebnis führt« (Gottfried Benn, zit. Eksteins 1990). Unter den europäischen Intellektuellen gab es große Sympathien für die Experimente des russischen Bolschewismus, des italienischen Faschismus und des deutschen Nationalsozialismus. Auf mythische Art und Weise schienen diese Experimente den Nimbus der Avantgardebewegungen zu aktualisieren: die bürgerliche Gesellschaft zu hassen, gegen sie zu rebellieren und eine radikale »Umwertung der Werte« herbeizuführen. Insbesondere in Deutschland vor dem Ersten und zwischen den beiden Weltkriegen gab es gegen die Epoche des bürgerlichen Industrialismus und Materialismus gerichtete Bewegungen, die gleichzeitig aus ihr entsprangen: Personifikationen von Jugend, Verjüngung und technischer Effizienz. Für diese Bewegung war die gewaltsame Zerstörung die Befreiung von »allem Alten und Vergangenen« (Goebbels) und Voraussetzung der Schaffung von etwas »ganz Anderem« (Eksteins 1990, 484–487).

Die grundlegende Frage aber bleibt, ob Völkermord und Massenvernichtungen im 20. Jahrhundert direkte Auswirkungen der Moderne sind (Dabag/Platt 1998) oder doch eher auf vormoderne Einflüsse hinweisen. Unbestreitbar ist, dass das Ausmaß der Massenvernichtungen im 20. Jahrhundert ohne moderne »Hilfsmittel« wie Technologie, Bürokratie und industrielle Kapazitäten nicht möglich gewesen wäre. Fraglich ist jedoch, ob man es hier mit einem spezifisch modernen Phänomen zu tun hat. Bauman argumentiert, dass die Vernichtung der Juden zwar keine notwendige und direkte Folge, aber eine der Moderne inhärente Möglichkeit gewesen sei. Was aber führt von der Möglichkeit zur Wirklichkeit? In nahezu allen Fällen, in denen bisher ein Zusammenhang von historischem Völkermord und Moderne festgestellt wurde, handelt es sich um eine Verbindung von modernen Teilelementen und Aktualisierungen *vor*moderner, zum Teil als Religionsersatz dienender Vorstellungen. In diesen Fällen dominierte eine Kombination aus technischem Fortschritt und ungehemmter Destruktion, gewaltsamer Ordnung und Verhinderung eines drohenden Chaos, Funktionalismus und archaischen Mythen. Archaik und Moderne wurden auf suggestive Art und Weise miteinander verknüpft (Hüppauf 1993).

In diesen Zusammenhang gehört auch die Frage, ob die neuen Formen von privater Gewalt und der Terror islamistischer oder anderer Sekten »moderne« Erscheinungen oder gerade umgekehrt Folge von nichtmodernisierten, unaufgeklärten gesellschaftlichen Verhältnissen sind. Historisch betrachtet muss man etwa fragen, warum es in Deutschland eine Verbindung von traditionellen, historisch eigentlich untergegangenen Werten und modernen Elementen gegeben hat, die zum Faschismus führten, während die gleiche Verbindung in England und den USA zur Stärkung und Bewahrung der Demokratie beitrug. Der Unterschied scheint relativ einfach zu sein: In allen bisher bekannten Fällen eines ausgebildeten oder tendenziellen Totalitarismus hat es eine Verbindung von modernen Elementen mit Werten nicht aus der »einfachen«, unmittelbar vorausgehenden Vergangenheit, sondern aus der *Vor*vergangenheit, dem Plusquamperfekt, gegeben: etwa mit der Vorstellung der Einheit eines germanischen Stammes und einer kommunistischen Urgesellschaft, oder mit dem Mythos der Schlacht auf dem Amselfeld oder der Umma zur Zeit Mohammeds.

Diese Verbindung von uralten Mythen, dem Plusquamperfekt, mit höchst modernen Teilelementen, dem Futur II – es wird gewesen sein –, machte die Attraktivität und »Modernität« der historischen Totalitarismen und totalitaristischer Sektenbewegungen aus und spielte schon beim Völkermord an den Armeniern, dem ersten des 20. Jahrhunderts, eine entscheidende Rolle.

Das Verhältnis von Moderne und Krieg beziehungsweise Gewalt ist somit ambivalent. Zunächst ist entscheidend, welchen Begriff von Moderne man zugrunde legt. Bringen wir ihn in Verbindung mit Kategorien wie Rationalisierung und Disziplinierung, Industrialisierung und technologischer Entwicklung, hat die Moderne unmittelbaren Anteil an der Intensivierung und Totalisierung von Gewalt in den vergangenen Jahrhunderten. Verstehen wir die Moderne dagegen als Prozess fortschreitender Emanzipation, Demokratisierung und Ermöglichung von Freiheitsräumen, deuten diese Phänomene auf die zumindest gewaltfreiere Lösung von Konflikten hin.

Die Auseinandersetzung um diese Frage ist keineswegs nur akademisch. Es hat bereits einmal ein Großprojekt gegeben, das von der Kritik an Aspekten der Moderne ausging und sich die Emanzipation von allem, was die Menschen unterdrückt, auf die Fahnen schrieb und doch schließlich im stalinistischen Totalitarismus endete. Gegenwärtig gibt es die Tendenz, den Primat der zivilen Gesellschaft über das Militärwesen durch den Primat des Kampfes und der diesen ausfechtenden Kämpfer zu ersetzen. Immer mehr Begriffe und Kategorien aus dem Bereich des Militärischen und des gewaltsamen Kampfes dringen in andere gesellschaftliche Bereiche vor.

Diese Tendenz erfährt Unterstützung durch eine fundamentale Kritik am Zusammenhang von Moderne, Krieg und Gewalt. Im Anschluss an Nietzsche und Foucault bildet sich neuerdings eine heroische Metaphysik des Kampfes heraus, die der »modernen Form« von Krieg und Gewalt entgegengesetzt wird. Paradigmatisch heißt es bei Foucault, der Krieg sei nicht die Fortsetzung der Politik mit anderen Mitteln, sondern die Politik die Fortsetzung des gewaltsamen Kampfes. Es bedürfe des persönlichen Einsatzes und Kampfes, um die überkommenen Machtverhältnisse zu beenden (Foucault 1999, 26–29 und 308 f.).

Der Grundgedanke dieser Position ist, dass die Fähigkeit zum Widerstand und der Wille zum Kämpfen zum (männlichen) Menschsein gehöre. Die Unterdrückung dieses menschlichen Begehrens im Prozess der Zivilisierung führe nicht etwa zu einer wirklichen Befriedung, sondern nur zur Aufstauung der unterdrückten Energien. Die gebundenen Energien entluden sich in Verbindung mit der Entwicklung der Technologie und der Systematisierung der Vernichtungsmittel in den Katastrophen des 20. Jahrhunderts. Die sich von ihrem Selbstverständnis als gewaltfrei verstehende Moderne setzte auf diese Weise ein in der Geschichte beispielloses Gewaltpotential frei. Demgegenüber würde die Anerkennung des Menschen als kämpfendes, kriegerisches Wesen den Krieg in Formen der Ritualisierung und Konventionalisierung in räumlicher und zeitlicher Hinsicht entscheidend begrenzen. Der Versuch der Moderne, den Krieg abzuschaffen, habe zu seiner dramatischen Intensivierung bis hin zur Aussicht auf die Selbstvernichtung der Menschheit geführt. Erst die Anerkennung von gewaltsamem Kampf und Krieg als Grundbestimmung des Menschen ermögliche seine Begrenzung und die Bindung der in ihm freigesetzten Energien (Keegan 1995).

Eine solche Kritik an modernen Formen des Krieges fällt zusammen mit den gegenwärtigen Tendenzen zur Privatisierung der Gewalt sowie der Übertragung von Werten aus dem militärischen Bereich auf die zivile Gesellschaft. Eine Welt vollkommen privatisierter Gewalt und »heldenhafter Krieger« wäre jedoch nicht weniger totalitär als die historischen Großtotalitarismen Stalinismus und Faschismus. Die notwendige Kritik am Gewaltpotential der Moderne vermischt sich partiell mit einer konservativ bis reaktionären Kritik, welche die gesellschaftlichen und politischen Intentionen der Aufklärung grundsätzlich verwirft (Wimmmer/Wulf/Diekmann 1996). Für Habermas hingegen hat die »Hoffnung auf Emanzipation« der Menschen aus selbstverschuldeter Unmündigkeit und erniedrigenden Lebensumständen ihre Kraft trotz der historischen Katastrophen der Moderne nicht verloren. Aber diese Hoffnung sei geläutert durch die historischen Erfahrungen und das Bewusstsein von den Grenzen der Moderne. Es sei schon viel erreicht, wenn eine Balance des Erträglichen für die wenigen Begünstigten erhalten und auf den verwüsteten Kontinenten für die Mehrheit der Menschen wieder hergestellt werden könnte. Im revolutionären Zusammenbruch des bürokratischen Sozialismus in der UdSSR und ihren Satellitenstaaten kündigt sich für Habermas ein fundamentales Ausgreifen des Projekts der Moderne an – der »Geist des Okzidents« habe den Osten eingeholt, nicht nur mit der technischen Zivilisation, sondern auch mit seiner demokratischen Tradition (Habermas 1994, 221 und 241).

Entscheidend für die Zukunft der Moderne wird sein, ob es ihr gelingt, Krieg und Gewalt in ihrer doppelten Gestalt wahrzunehmen: auf der einen Seite Gewalt in ihrer nicht-modernen Form, die es in traditionalen Gesellschaften in vielfältigen Varianten gibt; auf der anderen Seite die an den Modernebegriff gebundenen Hoffnungen und Normen, die es erst möglich machen, das eigene historische Gewaltpotential der Moderne zu erkennen und zu überwinden.

Eingedenk der Visionen von einer vollkommen reinen und befriedeten Gesellschaft im Nationalsozialismus wie im Stalinismus ist vielleicht auch die Einsicht vonnöten, dass Gewalt wahrscheinlich niemals vollständig zu überwinden ist. Der Abschied von dieser – zumindest auf absehbare Zeit –utopischen Annahme bedeutet jedoch nicht die Legitimierung einer neuen Metaphysik des Kampfes, wie sie tendenziell bei Nietzsche und Foucault angelegt ist und von heutigen Kriegstheoretikern wie van Creveld und Keegan aufgegriffen wird. Ganz im Gegenteil beinhaltet die kritische Selbstvergewisserung der Moderne die Perspektive einer fortschreitenden Begrenzung und Einbindung von Gewalt sowie deren Rückbindung an den Primat der zivilen Gesellschaft.

3 Waffenträger: Vom Söldner bis zum Terroristen

Pistoleros, Guerilleros, Milizen, Warlords, Rebellen, Soldaten, Partisanen, Krieger, Söldner, Kindersoldaten, Terroristen – an Namen für Gewaltakteure mangelt es wahrlich nicht. Dabei unterscheiden sich die Träger von Waffen in vielerlei Hinsicht voneinander, etwa in der Art und Weise ihrer Bewaffnung, ihrer Motivation und Mentalität. Weiterhin spielt eine wesentliche Rolle die Frage, ob sie kollektiv in Erscheinung treten oder sich als Einzelkämpfer verstehen, ob sie sich explizit als Kombattanten zu erkennen geben oder in der sie umgebenden Zivilbevölkerung untertauchen. Die Geschichte dieser Waffenträger, ihr Verschwinden und ihre Wiederkehr, reflektiert zugleich Teile der Geschichte des Krieges.

Im Folgenden soll jeweils ein Kriterium zur Bestimmung der spezifischen Merkmale einer Gruppe von Waffenträgern idealtypisch herausgehoben und somit eine Schneise in das Dickicht vielfältiger Überschneidungen geschlagen werden.[1]

1 Bei den islamischen Gotteskriegern in Tschetschenien und Afghanistan stellt sich z. B. die Frage, ob sie Söldner, Krieger oder marodierende Kämpfer sind.

Soldaten

Häufig werden mit dem Begriff des Soldaten unterschiedslos alle Waffenträger bezeichnet. Zur Unterscheidung von anderen Waffenträgern spricht man von Soldaten im engeren Sinne erst seit der Französischen Revolution. Soldaten dienen Staaten im Idealfall aus Überzeugung, sie verteidigen höhere Werte und identifizieren sich mit dem Staat, dem sie dienen. Im Regelfall ist der soldatische Militärdienst mit der Staatsbürgerschaft verknüpft, woraus die Wehrpflicht als Verpflichtung des einzelnen Bürgers gegenüber seinem Staat erwächst. »Die Verteidigung des Vaterlandes ist der Stiftungsmythos moderner Armeen« (Sikora 2002) und des Soldaten.

Selbstverständlich ist diese Sinnzuschreibung kein unmittelbares Abbild der Wirklichkeit. Aber sie spielt nicht nur im Selbstverständnis und der politischen Bildung von Soldaten eine wesentliche Rolle, sondern ist zentral für die demokratische Legitimation der Wehrpflicht in modernen Armeen. Bereits Friedrich Engels meinte, die Wehrpflicht sei die einzige demokratische Institution Preußens. Im Frankreich der Revolutionszeit wurden Staatsbürgerschaft und die Mitgliedschaft in der Landesverteidigung als zwei Seiten einer Medaille gedacht und bezogen sich auf den Begriff der modernen Nation als einer politischen Größe, die das Volk als Souverän einsetzt (Frevert 1997, 21).

Als Reaktion auf die preußischen Niederlagen wurden auch dort militärische Reformen eingeleitet, die sich einerseits am Vorbild der siegreichen napoleonischen Armeen orientierten, andererseits die besonderen preußischen Bedingungen berücksichtigten. Daraus entwickelte sich ein spezifisches Spannungsverhältnis: Zum einen wurde die gesamte Gesellschaft zum Zwecke der Kriegführung mit dem Ziel des patriotischen und opferbereiten »soldat citoyen« in Dienst genommen. Zum anderen aber musste die politische Transformation begrenzt bleiben, um das bestehende Herrschaftsgefüge aufrechterhalten zu können. Man hatte in Preußen keine souveräne Staatsbürgernation, es gab nicht einmal eine Verfassung, welche die Kompetenzen des Monarchen hätte beschneiden und die Bürger an der Gesetzgebung hätte beteiligen können. Wie sollten jedoch nationaler Enthusiasmus und Opfersinn für den Nationalstaat entsprechend dem französischen Vorbild erreicht werden ohne adäquate gesellschaftliche Grundlage, das heißt ohne Gleichheit und politische Partizipationsmöglichkeit aller Bürger und Bürgerinnen (Frevert 1997)?

Die preußischen Militärreformen blieben widersprüchlich und halbherzig, obwohl sie einige positive Elemente enthielten, etwa die Abschaffung entehrender und unmenschlicher Strafen. Den Reformern blieb als Ausweg aus dem Dilemma, einerseits die ganze Gesellschaft für den Krieg mobilisieren zu müssen, andererseits an der bestehenden Gesellschaftsstruktur nichts ändern zu können, nur der Weg einer »Erziehungsdiktatur«. Die Armee sollte fortan mit der Zivilgesellschaft verschmelzen, indem tendenziell alle (männlichen) Bürger Soldaten würden.

Was bedeutet die perspektivische Einheit von Bürger und Soldat – die Militarisierung der Gesellschaft oder die Zivilisierung des Militärwesens? In Preußen kann man zunächst von einer Zivilisierung des Militärs sprechen, weil besonders entwürdigende und grausame Praktiken innerhalb des Militärwesen abgeschafft wurden. Doch im Laufe der Zeit setzte sich mehr und mehr eine Militarisierung der Gesellschaft durch, von der Friedrich Meinecke glaubte, sie sei beispiellos in der Geschichte. Vor allem nach den erfolgreichen Kriegen der Reichsgründungszeit 1864–1871 ging der preußische Leutnant »als junger Gott, der bürgerliche Reserveleutnant wenigstens als Halbgott durch die Welt« (Meinecke zit. Frevert 1997, 17).

Entscheidend für das Bild des Soldaten als Mitglied einer Massenarmee waren jedoch der Erste und Zweite Weltkrieg.

Zwei Schlachten des Ersten Weltkrieges verdeutlichen zwei unterschiedliche Soldatenbilder: Langemarck und Verdun. In einem Kommunique der Obersten Heeresleitung wird das Geschehen von Langemarck so beschrieben: »Westlich von Langemarck brachen junge Regimenter unter dem Gesange ›Deutschland, Deutschland über alles‹ gegen die erste Linie der feindlichen Stellungen vor und nahmen sie.« Was hier verschwiegen wurde, ist der massenhafte Tod der jungen Soldaten und die Tatsache, dass es sich um eine Niederlage handelte, denn nur ein Jahr später hieß es: »Der Tag von Langemarck wird in allen Zeiten ein Ehrentag der deutschen Jugend bleiben. Wohl fielen an ihm ganze Garben von der Blüte unserer Jugend, aber den Schmerz um die tapferen Toten überstrahlt doch der Stolz darauf, wie sie zu kämpfen und zu sterben verstanden« (zit. Hüppauf 1993, 56f.). Der aus der Schlacht bei Langemarck geborene Mythos beschwor eine soldatische Vergangenheit, die bestimmt ist durch das Ideal des heldenhaften Opfers für das Vaterland (Kühne 1999).

Ganz anders der Verdun-Mythos: Verdun ist das Sinnbild des industrialisierten und entpersonalisierten Krieges. Die Begeisterung des Anfangs ist verflogen, es geht nur noch um das Aushalten der Auswirkungen maschinisierter Kriegführung. Weder die britisch-französische Offensive an der Somme noch die deutsche bei Verdun erreichten ihre Ziele. Beide führten jedoch zu Schlachten von einem nie gekannten Aufwand an Soldaten, Ausrüstung, Munition und Geschützen. Auf wenigen Quadratkilometern wurden Hunderttausende von Menschen »verarbeitet«. Die Schlachten zielten nicht in erster Linie auf Geländegewinne, sondern auf höchstmögliche Verluste des Gegners. Verdun wurde seitens der Deutschen auch nicht als Sieg überlegener Ideale gefeiert, sondern als Höhepunkt des modernen technologischen Krieges begriffen.

Der auf dem Boden von Verdun entstandene Mythos verlangte ein neues Soldatenbild. Unter der konstanten Todesdrohung des Schlachtfeldes habe der Soldat nur die Möglichkeit, sich diesen Verhältnissen anzupassen. Die Wahrnehmung musste so objektiv sein wie das Objektiv einer Kamera, die Reaktionen so kohärent und präzise wie die einer Maschine, die Aktionen so schnell wie die eines Maschinengewehrs. Für Ehre, Moral oder Ideale war auf dem industrialisierten Schlachtfeld des 20. Jahrhunderts kein Platz mehr. Während früher die Waffen von den Menschen bedient wurden, bediente sich nunmehr die Waffe des Menschen. Elemente des Verdun-Mythos wurden im Faschismus zur Begründung des Ausleseprinzips verwandt: In einer scheinbar unentrinnbaren Kampfsituation dürfe sich der als idealer Soldat fühlen, der sich den Prinzipien moderner kriegerischer Gewalt unterwirft. Nicht ohne Grund zogen die Soldaten des Deutschen Reichs ohne den Glauben an die gerechte Sache ihres Landes in den Zweiten Weltkrieg. Die Kombination aus rigider Moderne und vorzivilisierter Amoralität fand ihre schauerliche Verwirklichung bei den Mitgliedern der SS (Hüppauf 1993).

Nach dem Zweiten Weltkrieg entwickelten sich grundlegend andere Streitkräfte und andere Vorstellungen des »Soldaten«, er wurde zum (demokratischen) Staatsbürger in Uniform. Nach Wilfried von Bredow lassen sich die Geschichte der 1956 entstandenen Bundeswehr und ihre gesellschaftspolitische Einbindung nur angemessen verstehen, wenn man sie beide als Konsequenz eines Bruchs mit der alles Militärische betonenden deutschen Geschichte vor 1945 auffasst. In der »Inneren Führung« – einem ausgebauten System von Maßnahmen, die das Konzept des Staatsbürgers in Uniform in der Rechtsstellung und im soldatischen Selbstverständnis jederzeit gewährleisten sollen – sieht von Bredow »eine der innovativsten und kreativsten politischen Neuerungen der Bundesrepublik Deutschland, in ihrer Bedeutung durchaus vergleichbar mit der Konzeption der sozialen Marktwirtschaft« (von Bredow 2000).

Das Bild des Soldaten wurde nunmehr mit bestimmt durch

eine kritische Öffentlichkeit, die soziale Entzauberung des Militärischen, die Marginalisierung und Reduzierung der Streitkräfte im Zuge des umfassenden Bedrohungs- und Wertewandels und schließlich die allmähliche Demokratisierung und Zivilisierung des staatlichen Gewaltinstrumentes. Seit dem allmählichen Wandel von Landesverteidigungskräften zu Interventionsstreitkräften, von Wehrpflicht- zu Berufsarmeen, verabschiedet sich jedoch das Leitbild des demokratischen »Staatsbürgers in Uniform« als Waffenträger bereits wieder und wird zunehmend ersetzt durch das des »warrior«, des »Kriegers« – eine Entwicklung, die in den USA bereits nach dem verlorenen Vietnamkrieg eingesetzt hat.

Söldner

Obwohl sich der Begriff des Söldners wie der des Soldaten etymologisch gleichermaßen von »Sold« ableitet, unterscheiden sich beide fundamental. Söldner kann man deshalb nicht beschimpfen, weil Söldner (vor allem im deutschen Sprachraum) selbst ein Schimpfwort ist.[2] Die Bezeichnung Söldner impliziert, dass jemand aufgrund seiner Käuflichkeit, seiner Gewissens- und Bindungslosigkeit tötet. Zudem war das historische Auftreten von Söldnern häufig mit dem besonders exzessiven Gebrauch von Gewalt verbunden, insbesondere während des Dreißigjährigen Krieges. Im allgemeinen Urteil sind Söldner fremde Gewaltspezialisten, die je nachdem, wer ihnen am meisten Sold zahlt, zu kämpfen und jederzeit die Seiten zu wechseln bereit sind.

Das erste Todesopfer nach der Besetzung des Kosovo im Juni

2 Die folgenden Ausführungen verdanken sich vor allem Sikora 2002, 2003.

1999 war ein Söldner, ein nepalesischer Gurkha. Seit Anfang des 19. Jahrhunderts rekrutiert die englische Armee eigenständige Gurkha-Einheiten, deren Kampfkraft sie zuvor am eigenen Leib erfahren hatte. Keine moderne Armee konnte und kann heute auf die Dienste von Gewaltspezialisten verzichten. Die Tatsache, dass Söldner ihren Dienst für Geld verrichten, bedeutet aber keineswegs, dass sie es an jeglicher Bindung an ihre Dienstherren fehlen lassen. Die Schweizer, die in der Französischen Revolution den König gegen seine Untertanen verteidigten, bewiesen ihm gegenüber eine außerordentliche Loyalität. Typisch für die klassischen italienischen Söldnerheere des 16. Jahrhunderts war neben dem Aspekt des reinen Broterwerbs eine Mischung aus Verwandtschaft, Nachbarschaft und Untertänigkeit.

Obwohl es Söldner zu allen Zeiten gegeben hat, gewannen sie in der europäischen Geschichte zwischen dem 15. und 18. Jahrhundert ihre größte Bedeutung. Nach dem Ende der Ritterheere kam die Zeit der großen Heere von Fußsoldaten, bewaffnet mit Schwert oder Pike, Armbrust oder Gewehr. Vor diesem Hintergrund setzte ein Wettlauf um die größten Heere ein (zunächst meistens Söldnerheere), der aber Jahrhunderte anhielt und die Zeit der Söldner überdauerte – durch die Mobilisierung der ganzen Bevölkerung seit der Französischen Revolution wurde er auf eine neue Stufe gestellt.

Trotz der zahlreichen Berichte über Zwangsrekrutierungen verpflichtete sich die Mehrzahl der Söldner freiwillig. Für arme Leute war der Militärdienst damals wie heute eine Möglichkeit, sich den Lebensunterhalt zu verdienen. Zudem bot er die Chance, sich den Verpflichtungen (und auch möglichen Verfolgungen) im zivilen Leben zu entziehen: Söhne der elterlichen Gewalt, Väter ihren Unterhaltspflichten, Straftäter der richterlichen Gewalt. Unter Söldnern spielte die Vergangenheit keine Rolle. Viele der europäischen Söldner kamen aus den Armenhäusern Europas, etwa aus Irland und Schottland. Eine besondere Rolle in der Geschichte des Söldnerwesens spielte die Schweiz. Der Dienst in fremden Heeren gestattete vielen Schweizern, ihren kargen Lebensverhältnissen zu entkommen, und fungierte zugleich als ökonomisches und demographisches Ventil. Im Endeffekt konnte es passieren, dass Schweizer Söldner in sich gegenüberstehenden Heeren für jeweils andere Staaten kämpften und starben – aus keinem anderen Grund als dem, dass sie von verschiedenen Fürsten gemietet worden waren.

Das Ende der Söldnerarmeen kam durch die Französische Revolution. Das neue Staatsverständnis der republikanischen Nation ermöglichte die Aufstellung von Massenheeren, denen gegenüber die Söldnerarmeen der europäischen Mächte zahlenmäßig weit unterlegen waren. In den Befreiungskriegen gegen Napoleon entwickelte sich auch in diesen Staaten ein nationales Bewusstsein und ermöglichte so die Aufstellung von Massenarmeen aus Wehrpflichtigen, obwohl die politischen Veränderungen zugunsten der Bürger wesentlich geringer ausfielen als in der Französischen Revolution (und in der Restaurationsperiode wieder weitgehend zurückgenommen wurden).

Das Selbstverständnis des Militärwesens hatte sich jedoch grundlegend verändert. Nicht mehr nur Mittel zur Selbstbehauptung nach außen, sollte die Armee nunmehr auch zur Hauptbildungsstätte der Nation werden. Der Söldner wurde über Nacht durch den bewaffneten Patrioten, den Soldaten ersetzt. In einer Zeit nationaler Identifikation und aggressiven Selbstbehauptungswillens der Nation war für Söldner kein Platz mehr in Europa, da sie diese Werte als solche in Frage stellten.

Außerhalb Europas dienten Söldner jedoch weiterhin in europäischen Armeen. Vor allem die Kolonialmächte konnten zur Aufrechterhaltung ihrer Macht auf Söldner nicht verzichten. Besonders bekannt wurde die französische Fremdenlegion, in der seit dem 19. Jahrhundert Gestrauchelte und Krisenopfer,

Wirtschaftsflüchtlinge, Abenteurer und Gesetzesflüchtlinge dienten. Obwohl in französischem Dienst stehend und für französische Interessen kämpfend, bildete die Fremdenlegion aufgrund ihrer nationalen Heterogenität einen eigenen Mikrokosmos. Kennzeichnend für die Legion war ihr Motto: »Legio patria nostra«.

Nach dem Ende des Zweiten Weltkrieges kam es zu einer Renaissance des Söldnertums, zunächst vor allem in Afrika. Besonders im Kongo konnten Söldner in den sechziger Jahren des letzten Jahrhunderts Fuß fassen und schafften es sogar, nach einer Meuterei einen Teil des Kongo mehrere Monate lang zu behaupten. Zu diesen Söldnern gehörten weiße Südafrikaner, Belgier und Franzosen genauso wie Deutsche. Sie massakrierten Schwarze und präsentierten sich gleichzeitig als Verteidiger schwarzer Interessen. Das Söldnerunwesen im Kongo führte zu einer völkerrechtlichen Debatte. Die Vollversammlung der Vereinten Nationen verabschiedete 1989 als deren Schlusspunkt eine internationale Konvention gegen Rekrutierung, Gebrauch, Finanzierung und Ausbildung von Söldnern.

Die neueste Entwicklung ist die Organisation von Söldnern in »Sicherheitsfirmen«. Besonders bekannt wurde *Executive Outcomes*, die von einem ehemaligen südafrikanischen Offizier mit Kriegserfahrungen im Kampf gegen die angolanische Regierung gegründet wurde. Ironischerweise führte genau diese Firma später Kampfaufträge für Angola gegen oppositionelle Rebellen aus. Moderne Söldnerfirmen bieten nicht nur Kämpfer, sondern auch Ausbildung, Logistik, Waffen und Schutzmaßnahmen an. Zur Rechtfertigung ihrer Tätigkeit beteuern diese Firmen, dass sie nur im Auftrag legitimer Regierungen handeln, und weisen die Bezeichnung »Söldner« weit von sich. Die englische Firma *Sandline* wirbt damit, UN-Beobachtungs- und Friedensmissionen billiger und besser ausführen zu können als staatliche Militärbehörden.

Im Zuge zunehmender Spezialisierung und Technologisierung der Kriegführung könnte es sein, dass privatwirtschaftlich organisierte Sicherheitsfirmen in Zukunft Teilbereiche bislang staatlich verantworteter Sicherheit übernehmen. Es wäre freilich problematisch, wenn sich daraus ein allgemeiner Trend zur Entstaatlichung des Krieges entwickeln würde. Denn mit Ausnahme der Zeit zwischen dem Ende des Dreißigjährigen Krieges und der Französischen Revolution bedeutete das massenhafte Auftreten von Söldnern fast immer die Zunahme von exzessiver und besonders grausamer Anwendung von Gewalt. Wenn Söldner nicht mehr von der zivilen Gesellschaft kontrolliert werden, verwandeln sie sich von Spezialisten mit besonderen Kenntnissen und Fertigkeiten zu einer gewaltbereiten und brutalen Soldateska.

Krieger

Der Begriff des Kriegers bezeichnet eine nicht eindeutig zu fassende Gruppe, obwohl er in den letzten Jahren zunehmend Verwendung findet. Insbesondere im englischen Sprachraum hat eine wesentliche Bedeutungsverschiebung vom Soldaten zum *warrior*, zum Krieger stattgefunden. Diese Entwicklung reflektiert den Übergang von der Wehrpflicht- zur Berufsarmee sowie ein neues Selbstverständnis und gewachsenes Selbstbewusstsein der Waffenträger. Fassen wir die vielfältigen Ansätze zusammen, so ist der Krieger beziehungsweise *warrior* gekennzeichnet durch eine starke Wertgebundenheit, durch eine klare Distanz gegenüber der Zivilgesellschaft sowie durch ein hohes Maß an Professionalität.

Die von Kriegern repräsentierten Werte spiegeln nicht die Werte der jeweiligen Gesellschaft oder Gemeinschaft wider, sie sind nicht politisch oder ideologisch gefärbt, sondern rühren allein aus ihrer Organisation und Zugehörigkeit sowie ihren besonderen Fähigkeiten her (Ignatieff 2000). Am nächsten kommen ihnen die mittelalterlichen Ritter. Wie diese verstehen sich Krieger als eine gesellschaftliche Elite. Im Unterschied zu Rittern agieren Krieger jedoch meist nicht als Einzelkämpfer, sondern in einem größeren Verband.

Die Ablehnung der Werte der Zivilgesellschaft verdeutlicht John Keegan, einer der Propagandisten eines neuen Kriegerbildes. Der Krieg reiche in die geheimsten Tiefen des menschlichen Herzens, dorthin, wo das Ich rationale Ziele auflöse, wo der Stolz regiere, wo Emotionen die Oberhand hätten und der Instinkt herrsche. Eines von Keegans Vorbildern für den Krieger sind die römischen Zenturionen. Diese Offiziere seien mit Leib und Seele Soldat gewesen. Sie strebten nicht danach, in die Klasse der Regierenden aufzusteigen, und ihr ganzer Ehrgeiz habe dem Erfolg einer Berufsgruppe gegolten, die es zum ersten Mal in der Geschichte zu Ansehen und Selbstbewusstsein brachte. Die Werte des römischen Berufssoldaten seien nicht materieller Natur gewesen, sondern ideeller, nach denen auch seine Kameraden in der Neuzeit leben würden: Stolz auf eine unverwechselbar männliche Lebensweise, Anerkennung durch die Kameraden, Befriedigung durch die Rangabzeichen sowie Hoffnung auf einen ehrenvollen Abschied und Ruhestand (Keegan 1995, 388–391).

Heimtückisch, hinterhältig und weibisch – mit diesen Begriffen wird das umschrieben, was ein Krieger nicht sein soll (Stephan 1998, 132). Heimtückisch sind für Krieger zum Beispiel Waffen, die einen unfairen Vorteil bieten. Das im Ersten Weltkrieg erstmals eingesetzte Giftgas erfüllte die damaligen Soldaten mit Abscheu, sie hielten diese Waffen für unritterlich. In diesem Bild des Kriegers drückt sich am deutlichsten der Aspekt des Zweikampfs aus, der im Hinblick auf die Waffen möglichst symmetrisch geführt wird.

Die Waffe und die Ehre einer Kriegerelite gehen eine unmittelbare Verbindung ein. Die kriegerische Waffe wird nur dem soldatischen Gegenüber, dem ehrbaren Feind, zugebilligt. Mit dem Blut von Partisanen, Verrätern oder ›hinterlistigen Weibern‹ besudelt ein Krieger seine Waffe nicht. Verbrecher werden von Kriegern nicht mit der Waffe getötet, sie werden erhängt, »Flintenweiber« mit dem Gewehrkolben erschlagen. Als besonders widerwärtig und bösartig galt der Kampf mit Pfeil und Bogen, weil er die Waffe des armen Mannes war. Denn mit Pfeil und Bogen konnte jeder siegen: der allerärmste, »ehrloseste« und feigste Wicht (Stephan 1998, 130–133).

Trotz einer gewissen Überbewertung des mittelalterlichen Rittertums kann die Kategorie der »Ehre« des Kriegers in zukünftigen Konflikten eine wichtige Rolle bei der Begrenzung von Gewalt spielen. Denn ungeachtet der Existenz von Kriegskonventionen und der Einrichtung eines internationalen Kriegsverbrechertribunals läuft die derzeitige Entwicklung weltweit auf eine Aufkündigung der Begrenzungen von Gewaltanwendung hinaus. Krieger und warrior hingegen achten um der »Ehre« willen bestimmte Limits, was man von Kämpfern, die in Bürgerkriegssituationen und gewaltoffenen Räumen wahllos töten, gewiss nicht sagen kann. Zugleich wäre es höchst problematisch, wenn das Ideal des Kriegers zum Leitbild des 21. Jahrhunderts avancierte, weil ein solches Leitbild eine Militarisierung der gesamten Gesellschaft nach sich ziehen könnte.

Kämpfer

Neben dem Krieger trifft man heute verstärkt auf paramilitärische Kämpfer. Mit diesem Begriff werden bewaffnete Männer bezeichnet, die sich in einer autonomen Gruppe um eine einzelne Führungsgestalt scharen. Häufig werden solche Gruppen von Regierungen selbst aufgestellt, um mit ihrer Hilfe und der Anwendung extremer Gewalt Ziele zu erreichen, die mit einer regulären Armee schwerer durchsetzbar wären. Ein berüchtigtes Beispiel sind die »Tiger« des Serben Arkan, die in Bosnien für gravierende Kriegsverbrechen verantwortlich waren; hier mutierten gewöhnliche Kriminelle zu Nationalhelden.

Paramilitärische Gruppen setzen sich zumeist aus entlassenen Soldaten, desorientierten Jugendlichen und gewöhnlichen Kriminellen zusammen – in Jugoslawien öffnete man die Gefängnistore, um neue Gruppen von Kämpfern zu rekrutieren. Selten sind paramilitärische Kämpfer uniformiert, wenngleich sie häufig gemeinsame Abzeichen oder einheitliche Kleidung tragen. Als Quasi-Uniformen dienen nicht selten Symbole der globalen Warenkultur: dunkle Sonnenbrillen, Adidas-Schuhe, Jogginganzüge und Baseballkappen (Kaldor 2000). Besonders bekannt wurden in Afghanistan die Pick-ups der Taliban, an denen man sie bereits von weitem erkennen konnte.

Warlords

Der Warlord gehört zu den wieder auferstandenen Figuren der Kriegsgeschichte und ist ein typisches Phänomen der neuen Kriege. Unter diesen Begriff wird eine Vielzahl unterschiedlicher Akteure subsumiert, die von reinen »Gewaltunternehmern« über Bandenführer bis zu lokalen Herrschern mit eigenen kleinen Kriegsfürstentümern reichen.[3] Warlords verdanken ihre Herrschaft der Krise des modernen Staates, dem Erosionsprozess des staatlichen Gewaltmonopols insbesondere in zahlreichen Staaten der Dritten Welt. In vielen Dritte-Welt-Ländern kann von einer entwickelten modernen Staatlichkeit keine Rede sein, und häufig existiert der Staat hier in konflikt-

3 Zum Stichwort Warlord vgl. Nissen/Radtke 2002 sowie Riekenberg 1999.

reicher Konkurrenz zu anderen Formen von Herrschaft und Gemeinschaft.

Entstanden ist der Begriff des Warlords im 19. Jahrhundert als Versuch der Skizzierung mittelalterlicher Phänomene sowie der Rolle des eigenständigen Kriegsherrn, wie man ihn aus dem Dreißigjährigen Krieg kennt (Beispiel Wallenstein). Bekannt jedoch wurden Warlords nicht zuletzt durch den Zerfall des chinesischen Reiches Anfang des letzten Jahrhunderts und durch die anschließenden Bürgerkriege. Der Begriff wurde zunächst auf rivalisierende Armeekommandeure angewandt, die dank ihrer militärischen und persönlichen Autorität die Verwaltung und Ressourcen der von ihnen beherrschten Provinzen kontrollierten. Die Grenzen zwischen einer Regionalarmee und marodierendem Banditentum waren jedoch fließend, sodass die Unterschiede zwischen Politik, Gewalt und Ökonomie zunehmend außer Kraft gesetzt wurden.

Warlords kontrollieren im Regelfall ein bestimmtes Gebiet, innerhalb dessen eine (minimale) Ordnung existiert, die zwar auf Gewalt basiert, zugleich jedoch die Fortdauer dieser Ordnung ermöglicht. Vor allem Jugendlichen und gesellschaftlichen Randgruppen eröffnet die Zugehörigkeit zur Truppe eines Warlords Zugang zu Machtmitteln, Anerkennung und Reichtum, die ihnen in der »normalen« zivilen Gesellschaft versagt blieben. Der medial verbreitete Kult der Gewalt trägt ein Übriges dazu bei, die Attraktivität von Warlord-Gemeinschaften zu erhöhen. Die Legitimität des »frei gewählten Führers«, des Warlords, gründet sich einmal auf den Rückgriff auf traditionelle Herrschaftsstrukturen wie Clan, Stamm, Familie oder Ethnie, sodann auf ein Krieger-Charisma, das sich aus früheren gewaltsamen Auseinandersetzungen speist. Ein anschauliches Beispiel für die Verbindung solch unterschiedlicher Aspekte in einer Person ist der Drusenführer Walid Jumblatt im Libanon, eine Mischung aus charismatischem Führer, oberstem Kriegsherrn, Geschäftsmann und Entscheidungsträger einer religiösen Sekte.

Im Unterschied zu den historisch vergangenen sind heutige Warlords stärker in weltwirtschaftliche Zusammenhänge und eine globale Kommunikation eingebunden. Dies setzt ihnen einerseits Grenzen, eröffnet ihnen aber andererseits auch neue Handlungsspielräume. Besonders im Fall Afrikas führt die Inszenierung von Massakern und die Zurschaustellung von Gewaltexzessen zur Empörung der Weltöffentlichkeit und zur anschließenden Entsendung von Hilfsgütern. Diese Güter werden aber häufig nicht nur zur willkommenen, sondern vorab kalkulierten Beute der regionalen Kriegsherren. Die stagnierenden Weltmarktpreise für Tropenholz und Diamanten führten im Fall von Charles Taylor, berüchtigter Warlord und Staatspräsident von Liberia, dazu, dass dieser den Krieg auf die Nachbarländer Sierra Leone und Guinea ausdehnte, um deren Rohstoffe zur Finanzierung seiner Gewaltherrschaft ausbeuten zu können.

Die Grenzen zwischen nationalen Befreiungsbewegungen, Warlord-Systemen und mafiotischen Bandenwesen sind durchlässig geworden, wie sich vor allem im Kosovo und in Tschetschenien gezeigt hat. Da Warlords ein Interesse daran haben, die existierenden Gewaltstrukturen aufrechtzuerhalten, sind die Möglichkeiten zur friedlichen Beilegung von Konflikten, in die sie verwickelt sind, besonders schwierig. Hier eröffnet sich ein grundlegendes Dilemma. Auf der einen Seite werden Teile der (wie auch immer begrenzten) Ordnungsfunktionen, die von Warlords ausgeübt werden, für politische Nachkriegslösungen benötigt, um zerrissene und sich auflösende Gemeinschaften zu stabilisieren und ein Abgleiten in die allgemeine Anarchie zu vermeiden. Auf der anderen Seite birgt genau dies die Gefahr, dass der Gebrauch von Gewalt durch Warlords nachträglich legitimiert wird und bestehende Gewaltstrukturen auf Dauer gestellt werden.

Die »Sicherheitschefs« in Palästina (zum Beispiel Rajoub im Westjordanland und Dahlan im Gaza-Streifen) sind Warlords, deren politische Bedeutung und Fähigkeit zur begrenzten Opposition gegen Arafat auf eigenen Privatarmeen beruhen. Ihre vorrangigen Interessen dürften weder ideologischer noch nationalistischer Art sein, sondern allein auf den Erhalt ihrer Macht und Gefolgschaft sowie deren ökonomische Absicherung abzielen. Sie sind zwar von der Aufrechterhaltung von Gewaltstrukturen abhängig, weil diese ihre lokale Herrschaft legitimieren; zugleich aber muss die Gewalt kontrollierbar bleiben, da deren unkontrollierte Eskalation ihre eigene Herrschaft infrage stellen würde. Darin unterscheiden sich diese Warlords des Nahen Ostens etwa von den Gotteskriegern von Hamas und Hisbollah.

Das von Warlords repräsentierte Spektrum ist also sehr weit: Es reicht vom gewöhnlichen Kriminellen, der sich als Nationalheld maskiert, bis zum Vertreter einer nationalen Minderheit, der nur mittels einer Privatarmee das Überleben seiner Gemeinschaft in zerfallenden oder umkämpften Staaten zu garantieren vermag.

Kindersoldaten

»Hitler the killer« ist ein elfjähriger Junge, der in Liberia lebt. Sein eigentlicher Name ist Abraham. Als er sieben Jahre alt war, kamen Männer, nahmen ihn mit, gaben ihm ein Gewehr und eben diesen Namen, »Hitler the killer«. Er ist jetzt seit vier Jahren Soldat, ein guter Soldat, wie sein Vorgesetzter meint. »Wenn ich sage, geh und töte, tötet er.« Manchmal wurde ihm befohlen, Männern die Augen herauszuschneiden. Er habe das getan, erzählt Abraham, und sein Vorgesetzter fügt hinzu, Kinder seien die besten Soldaten.

Weltweit gibt es etwa 200 000 bis 300 000 Kindersoldaten – eigentlich müsste man sagen, kindliche Soldaten, denn es sind typische kindliche Eigenschaften, die sie zu begehrten Soldaten machen (Münkler 2002). Geringes Risikobewusstsein in Verbindung mit der Bereitschaft, Erwachsenen blindlings zu folgen, machen sie so begehrt. Die kleineren Kinder werden von den Älteren oft direkt an die Front geschickt. Die Kämpfe von Kindern sind besonders erbittert und blutrünstig, weil sie häufig noch über keinen Selbsterhaltungstrieb verfügen und die Todesgefahr nicht begreifen, in der sie sich befinden. Sollten Kindersoldaten doch einmal Furcht zeigen, wird diese mit Drogen neutralisiert (Kapuscinski 1999). Während Erwachsene erst eine lange militärische Ausbildung durchlaufen müssen, um Gefahren standzuhalten und auch trotz hohen Risikos immer wieder zu kämpfen statt zu fliehen, brauchen Kinder aufgrund ihres Spieltriebes oft gar keinen Drill, der sie kämpfen lässt.

Die Renaissance des Kindersoldaten hängt mit einer technologischen Veränderung zusammen. Seitdem automatische Handfeuerwaffen immer leichter und immer einfacher zu bedienen sind, können sie auch von Zehnjährigen gehandhabt werden, ohne dass dafür besondere körperliche Anstrengungen oder eine Ausbildung nötig sind (Münkler 2002). Eigentlich sind es nicht die Kinder, die bewusst die Schnellfeuerwaffen bedienen; vielmehr sind Kinder die menschlichen Anhängsel von Waffen. So könnte für den speziellen Fall der Kindersoldaten gelten: Menschen töten nicht, Waffen töten.

Kindersoldaten sind Täter und Opfer zugleich: Täter, die zwar nur bedingt für ihr Tun verantwortlich sind, aber das Töten gelernt haben; Opfer, die häufig selbst als Erwachsene nicht aus dem Gefängnis ihrer Traumatisierungen ausbrechen können. Besonders deutlich wird die Täter-Opfer-Konstellation bei weiblichen Kindersoldaten, die nicht nur kämpfen und töten, sondern zugleich der sexuellen Befriedigung der Kämpfenden beider Seiten dienen (Schmid/Schmid 2001). Kindersoldaten werden vielfach gewaltsam rekrutiert, kommen aber auch »freiwillig«, um dem elenden Leben in den Hunger- und Armutsgebieten der Dritten Welt zu entgehen (Brett/McCallin 2001). Die neuen, oft mit Kindersoldaten geführten Kriege bringen neue Zerstörungen und neues Elend mit sich, und es ist nicht immer klar, ob Armut und Hunger zu Krieg und Gewalt führen oder ob umgekehrt der Krieg der Vater von Armut und Hunger ist (Münkler 2002).

Partisanen

»Der Partisan kämpft irregulär. Aber der Unterschied von regulärem und irregulärem Kampf hängt von der Präzision des Regulären ab« (Carl Schmitt 1963, 11). Mit dem Begriff des Partisanen werden keineswegs alle Träger irregulärer Kampfformen bezeichnet – also nicht die Akteure der Indianerkriege, der Massaker des Dreißigjährigen Krieges oder des Krieges aller gegen alle. Die Irregularität der Kampfform ist nur eine Kennzeichnung des Partisanen; vor allem kämpfen Partisanen nicht vollständig irregulär.

Während Terroristen für die völlige Irregularität im Kampf stehen und keinerlei Regeln der bewaffneten Auseinandersetzung und Gewaltbegrenzung anerkennen, haben Partisanen einiges mit dem regulären Soldaten gemeinsam. Ihre Kampfform ist zwar weit weniger reguliert als die soldatische, aber nicht gänzlich irregulär. Partisanen haben ein Regularitätsdefizit (Münkler 1992) gegenüber regulären Armeen, bleiben aber gleichwohl auf diese bezogen. Dies kommt auch in den zahlreichen Theorien des Partisanenkrieges zum Ausdruck (Mao Tse-tung, Che Guevara), die nach erfolgreichem Kampf die Überführung der Partisanenarmee in eine reguläre Armee postulieren.

Ein zweites Kennzeichen des Partisanen erschließt sich nur

implizit. Partisanen kämpfen gegen überlegene reguläre Heere stellvertretend für eine zeitweilig schwächere, unterlegene Gemeinschaft. Dies können bäuerliche wie politisch-nationale Gemeinschaften, archaische Stammesgesellschaften ebenso wie revolutionäre Parteien sein. Es ist somit kein Zufall, dass in den Diskussionen über privatisierte Gewalt der Begriff des Partisanen kaum auftaucht. Der Partisanenkrieg ist gebunden an die Idee der Vorbereitung eines als gerecht angesehenen Volkskrieges gegen einen zunächst überlegenen Gegner. Diese Einbindung in eine größere Gemeinschaft ermöglicht dem Partisanen den verdeckten Kampf.

Ein Spezifikum von Partisanen ist somit, dass sie sich ihrer Umgebung bis zur Unkenntlichkeit, chamäleonartig, anpassen können und aus diesem Schutz heraus den Gegner bekämpfen. Die Unkenntlichkeit des Partisanen ist der Grund seiner relativen Überlegenheit, da er als ein nahezu unsichtbarer Gegner nur schwer zu bekämpfen ist. Im 20. Jahrhundert hat sich geradezu ein Mythos der Unbesiegbarkeit des Partisanen gebildet, der bis heute virulent ist. So wurde vor der in Erwägung gezogenen Entsendung von Bodentruppen im Kosovokrieg spekuliert, dass die jugoslawische Armee in diesem Fall zu einem Partisanenkrieg übergehen werde, der für die NATO nicht zu gewinnen sei.

Als drittes Kennzeichen des Partisanen gilt seine hohe Wertgebundenheit. Diese Werte können revolutionär bestimmt sein oder auch traditionell (Verteidigung der eigenen Gemeinschaft, eines bestimmten Gebietes oder einer tradierten Lebensweise). Die jugoslawischen Partisanen unter Tito im Zweiten Weltkrieg verbanden beide Aspekte miteinander: Einerseits verteidigten sie ihre jugoslawische Heimat, andererseits verstanden sich Teile von ihnen als revolutionäre Kommunisten. Für Mao Tse-Tung und Che Guevara wiederum verbot sich eine nähere Bestimmung des Partisanen, da dieser für sie nur eine Gestalt des Revolutionärs war.

Wie alle Formen des irregulären Kampfes ist auch der Partisanenkampf besonders grausam, was umgekehrt auch für die Bekämpfung von Partisanen gilt. Fast scheint es, als zeichne reguläre Soldaten und irreguläre Partisanen ein besonderer gegenseitiger Hass aus, ein Hass, der sie zugleich verbindet. Im Partisanenkampf kommt es oft zu einer Spirale der Eskalation, die den eigentlich Grund des Kampfes überdecken kann. Von Mao Tse-tung stammt der Ausspruch, der Partisan müsse sich wie ein Fisch im Wasser bewegen. Deshalb wurden Partisanen von ihren Gegnern oft dadurch bekämpft, dass man versuchte, das Gewässer trockenzulegen, indem man Repressalien gegen die Zivilbevölkerung verübte oder diese ganz vertrieb.

Aufgrund ihrer Irregularität, der Orientierung an Werten und der spezifischen Einbindung in größere Gemeinschaften sitzen Partisanen gleichsam zwischen den Stühlen – sie unterscheiden sich sowohl vom regulären Soldaten wie vom Terroristen wie auch von vagabundierenden Kämpfern und Söldnern. Zugleich gibt es fließende Übergänge zwischen diesen Waffenträgern, wenn zum Beispiel die Einbindung in eine größere Gemeinschaft nur ein Vorwand ist und partisanische Kampfformen in Terrorismus übergehen. Beide unterscheiden sich indessen darin, dass für Partisanen im Idealfall nur die jeweilige gegnerische Armee Angriffsziel ist und nicht die Zivilbevölkerung.

Aufgrund der zunehmenden Dichotomisierung des Krieges in Staatenkriege und privatisierte Kriege ist es wahrscheinlich, dass der Partisan eine historisch vergangene Figur ist und die Mitte zwischen den polaren Gegensätzen von staatlich und privat organisierter Gewalt in der Zukunft unbesetzt bleibt. Insbesondere im Falle langer Bürgerkriege verlieren Partisanen ihre Wertgebundenheit und mutieren zu »privaten« Kämpfern – zu Kriminellen, Warlords oder Söldnern, was man besonders am Beispiel Kolumbiens und hinsichtlich der Kämpfer des »Sendero Luminoso«, des sich marxistisch gebenden »erleuchteten

Pfades« in Peru, beobachten kann (siehe die Fallstudien in Krumwiede/Waldmann 1998 und von Trotha 1997).

Terroristen

Dem Wortsinn nach sind Terroristen keine direkten Waffenträger, sondern Gewaltspezialisten, die wie Partisanen innerhalb der zivilen Bevölkerung Unterschlupf finden. Im Unterschied zu Partisanen zielen sie nicht auf eine Kampfform, die, von einer unterlegenen Gemeinschaft ausgehend, perspektivisch den Sieg über die reguläre Armee des Gegners anstrebt. Vielmehr zielen Terroristen vor allem auf die Erschütterung des Willens der gegnerischen Zivilbevölkerung.

Terrorismus ist keine Erfindung der Moderne. Vorläufer gab es vor allem in religiösen Sekten wie den berühmten Assassinen, deren Anhänger Angehörige rivalisierender islamischer Glaubensrichtungen, aber auch Christen mit dem Dolch umbrachten. Weniger bekannt sind die indischen Thugs, eine Glaubensgemeinschaft, deren Mitglieder ein relativ normales und geregeltes Leben führten, jedoch verpflichtet waren, im Dienst ihrer Göttin regelmäßig Menschen zu erdrosseln. Umstritten wird bleiben, ob die jüdischen Zeloten im Kampf gegen die römische Besatzung Terroristen oder Partisanen waren (Waldmann 1998, 40–41).

Eine zweite Traditionslinie ist bestimmt durch den Tyrannenmord. Seit Aristoteles wird das prinzipielle Recht der jeweiligen Untertanen bejaht, politische Machtträger, die die ihnen anvertraute Macht elementar missbrauchen, zu töten. Klassisches Beispiel eines solchen Tyrannenmords ist die Ermordung von Gaius Julius Caesar, weil Caesar die republikanische Staatsform beseitigt und damit verraten habe. Der heute oft verwendete Begriff des »Staatsterrorismus« hat seinen Ursprung im

»terreur« während der Jahre 1793–1794 der Französischen Revolution. Die Revolutionäre waren in zweifacher Hinsicht in Bedrängnis geraten: in innenpolitischer Hinsicht durch den Widerstand und die Erhebung traditioneller, der Monarchie anhängender Bevölkerungsschichten und Landesteile (Aufstand in der Vendée), außenpolitisch durch den Angriff der europäischen Großmächte. In dieser Situation griff die Revolutionsregierung zum Mittel des Terrors, um ihre innenpolitischen Feinde auszuschalten und den Auflösungserscheinungen im Kampf gegen äußere Feinde zu begegnen. Unter Robespierre wurden durch das »Komitee des öffentlichen Wohls« zunächst Hunderte, dann Tausende aufs Schafott geschickt. Auf dem Höhepunkt dieser Mordserie mussten die Opfer in einer Schlange auf ihre eigene Hinrichtung warten (Waldmann 1998, 40–41).

Terroristische Anschläge können als asymmetrische Kriegführung begriffen werden, die darauf zielt, dem Gegner maximalen Schaden zuzufügen. Dieser Schaden besteht nicht primär in den unmittelbaren materiellen Zerstörungen, sondern vor allem in deren psychischen und psychosozialen Folgen. Die Anschläge werden so geplant und ausgeführt, dass der erzeugte Schrecken und die Angst um ein Vielfaches größer sind als das tatsächliche Ausmaß des zu beklagenden Schadens.

Die Entdeckung, dass man einem Gegner, dem man militärisch nicht gewachsen ist, dennoch fühlbaren Schaden zufügen kann, ist nicht neu, sondern findet sich bereits im Partisanenkrieg. Obwohl es Übergangsformen zwischen beiden gibt, kann man beide idealtypisch gegeneinander abgrenzen:

»Der Partisanenkrieg ist die defensive Form asymmetrischer Kriegführung; die offensive Form ist der internationale Terrorismus« (Münkler 1990). Während im Partisanenkrieg die eigene Zivilbevölkerung als Schutz- und Ruheraum benutzt wird, sind es für die heutigen Terroristen die Zivilbevölkerung und die Infrastruktur ihres antizipierten Gegners, die als Kampffeld und Mittel der gewaltsamen Auseinandersetzung benutzt werden.

Besonders religiös-fundamentalistische, rechtsextreme und messianisch-sektiererische Gruppierungen haben das Gesicht des Terrors verändert. Gegenüber den bisher dominanten kommunistischen und/oder nationalistisch-separatistischen Organisationen (PLO, IRA, ETA) handelt es sich bei der neuen Terroristengeneration um isolierte, extrem gewaltbereite Gruppen, deren Aktionen unberechenbar sind und die auch vor dem Einsatz von Massenvernichtungswaffen nicht zurückschrecken, wie das Giftgasattentat der japanischen Aum-Sekte in Tokio beweist (Hoffman 2001).

In Zusammenhang mit den Anschlägen vom 11. September 2001 und den Selbstmordanschlägen in Israel wird inzwischen auch über die soziale Herkunft dieser Attentäter diskutiert. So wurde in Israel eine tendenzielle Veränderung bei den Selbstmordattentätern registriert, die früher aus Flüchtlingslagern stammten, oft länger in israelischen Gefängnissen saßen oder aus gesundheitlichen Gründen bereits todgeweiht waren (AIDS), während sie sich heute aus der gebildeten Mittelschicht rekrutieren. Dieser »kleine Unterschied« hat grundlegende Auswirkungen auf die Beantwortung der Frage, ob diese Konflikte eher auf politisch-soziale Gründe oder aber auf einen militanten und expansiven Islamismus verweisen. Für Israel hat die Beantwortung dieser Frage existentielle Bedeutung. Wenn die Terroranschläge das Resultat langjähriger Besatzungspolitik, fehlender politischer Anerkennung und der katastrophalen sozialen Lage in den Palästinensergebieten sind, kann man ihnen mit einer nachholenden politischen Anerkennung und einem »Marshallplan« zur Linderung der sozialen Misere und der Hoffnungslosigkeit der jugendlichen Palästinenser begegnen.

Anders sieht es aus, wenn die Selbstmordattentate nicht nur Ausdruck einer politisch-sozialen Notlage sind, sondern zugleich des wachsenden politischen Selbstbewusstseins einer Mittelklasse, die im Rahmen eines Kampfes der Kulturen

(Huntington 1996) einen expansiven Islamismus verfolgt. Für sie wäre die Schaffung eines Staates Palästina nur der Übergang zur langfristig konzipierten Zerstörung des Staates Israel (zur sozialen Herkunft und der Motivation von Selbstmordattentätern siehe Reuter 2002, Sabbah 2002, Moussaoui 2002).

Ziele und Motive der Terroristen mögen sich unterscheiden, doch sie haben eines gemeinsam: das Streben nach Publizität. Die modernen Nachrichtenmedien spielen daher im Kalkül der Terroristen eine entscheidende Rolle (Hoffman 2001). Von der Flugzeugentführung über Briefbomben bis zu Computerviren bietet sich eine Fülle von Angriffsmöglichkeiten, die relativ leicht zu nutzen sind und mit denen ein maximaler Schaden verursacht werden kann. Dabei zielt die Attacke meistens nicht auf den Militärapparat der angegriffenen Macht, sondern richtet sich vor allem gegen deren Wirtschaftsleben und die Zivilbevölkerung. Ziel von Terroristen ist denn auch nicht der Zusammenbruch der gegnerischen Militärmacht, sondern die Zerstörung des Willens der gegnerischen Entscheidungsträger und die Unterminierung ihres Rückhalts bei der Zivilbevölkerung (Münkler 2002b).

4 Vielfalt der Kriegsursachen

»Reinen Gewissens über den Ursprung des Krieges, bin Ich der Gerechtigkeit unserer Sache vor Gott gewiss.« War sich der deutsche Kaiser Wilhelm II. subjektiv über die Ursachen des Krieges im Klaren, von dem er noch nicht wissen konnte, dass dieser einmal der Erste Weltkrieg genannt werden sollte, so stellt sich für den Historiker die Frage ganz anders. Gerade hinsichtlich des Ersten Weltkrieges wird es vermutlich nie zu einer endgültigen Klärung seiner Ursachen kommen, genauso wenig wie man heute von einer wissenschaftlichen Einigung bei der Beantwortung der Frage ausgehen kann, ob es überhaupt allgemeine Kriegsursachen gibt. Aus diesem Grund wird in diesem Kapitel besonders die Vielfalt der möglichen Kriegsursachen herausgestellt.

»Krieg um Öl«, »Heiliger Krieg«, »Stammeskrieg«, »Krieg gegen den Terrorismus« – beschreiben diese Bezeichnungen zugleich die Ursachen von Kriegen? Die Diskussion hierüber ist so verzweigt, dass wissenschaftliche Erkenntnisse über die Ursache eines einzelnen Krieges schwerlich verallgemeinerbar sind. Gibt es überhaupt Ursachen, die allen Kriegen gemeinsam sind, oder hat jeder Krieg seine eigenen Gründe? In seinem monumentalen Werk über *Krieg und Frieden* schrieb Lew Tolstoj, je tiefer wir uns in die Erforschung der Gründe für den Krieg begäben, desto mehr Gründe würden uns offenbar. Jeder einzelne erscheine jedoch gleich wahr und gleich falsch, wenn »wir die Nichtigkeit dieser einzelnen Gründe mit der gewaltigen Tragweite der Ereignisse vergleichen« (Tolstoi 1989, 824).

Tolstoj hebt damit hervor, dass das Ganze eines Krieges nicht allein von seiner Entstehung her zu erklären ist, sondern dass auch die Eigendynamik des Kriegsgeschehens berücksichtigt werden muss.[1] Wäre etwa der Erste Weltkrieg – wie damals viele glaubten – bis Weihnachten 1914 zu Ende gewesen, hätte man ihm wahrscheinlich eine andere Kriegsursache zugeschrieben als im nachträglichen Bewusstsein seiner Dauer, seines Umfangs und seiner revolutionären Auswirkungen.

Wir haben es hier mit einem allgemeinen Problem der Sozialwissenschaft zu tun: Wie lässt sich in komplexen gesellschaftlichen Zusammenhängen mit unzähligen Wechselwirkungen und unbeabsichtigten Folgen nach eindeutigen Ursachen forschen? Gibt es diese überhaupt oder gibt es nur »funktionale Gefüge« von unendlichen Wechselwirkungen (Krysmanski 1993)? »Die menschliche Geschichte wird durch nicht-intentionale Handlungen geschaffen; sie entzieht sich beständig den Anstrengungen, sie unter eine bewusste Führung zu bringen« (Giddens, zit. Krysmanski 1993). Die Problematik der unbeabsichtigten Handlungsfolgen hat gravierende Auswirkungen auf die Bestimmung der Ursachen von Kriegen. Zwar gibt es durchaus Fälle, in denen man eindeutige Kriegsursachen genauso wie eindeutige Verursacher feststellen kann, zum Beispiel den »Willen zum Krieg« (Müller 2000) seitens der Nationalsozialisten

1 Wolfgang Sofsky fasst diese Verselbständigung des Kriegsgeschehens im Begriff der Kriegsgesellschaften zusammen; ders. 2002, 113 ff.

und Hitlers zu Beginn des Zweiten Weltkriegs. Bezüglich des Ersten sieht es wie gesagt ganz anders aus. Hier befindet man sich im »Reich des Absurden« (Förster 2000), weil keinerlei eindeutige Kriegsursachen feststehen und immer neue Hypothesen aufgestellt werden.

Die Diskussion über Kriegsursachen geht von der konstitutiven Annahme aus, dass Krieg nicht als historischer Normalzustand, sondern erklärungsbedürftiger Sonderfall sozialen beziehungsweise zwischenstaatlichen Verhaltens zu verstehen ist. Für Positionen hingegen, die den gewaltsamen Kampf als Normalzustand in Geschichte und Gegenwart begreifen, stellt sich die Frage nach allgemeinen Kriegsursachen überhaupt nicht. Ebenso wie es keinen Sinn habe, zu fragen, »warum Menschen essen« oder schlafen, gilt hier der Kampf nicht als Mittel für etwas, sondern als Zweck an sich selbst (van Creveld 1998, 239). Solche Positionen suchen eher nach Ursachen für den zu begründenden und eher unwahrscheinlichen Fall des Friedens.

Das Verständnis des Krieges als erklärungsbedürftigen Sonderfall menschlichen Verhaltens ist ziemlich jungen Datums. Über Jahrhunderte wurde Krieg als unabänderliches, gleichsam naturhaftes Verhängnis begriffen und im dritten »apokalyptischen Reiter« versinnbildlicht. Diese Denktradition reicht bis in die Antike zurück, die den Krieg nicht als Friedensbruch, sondern den Frieden als Unterbrechung des kriegerischen Normalzustands verstand: »Die Zeit aber, in der kein Krieg herrscht, heißt Frieden« (Hobbes 1651).

Reden wir von Kriegsursachen, kann es sich genaugenommen nur um Bedingungen handeln, die zur Entstehung des Krieges beigetragen haben, die jedoch nicht in jedem Fall zum Krieg führen müssen. Diese Bedingungen können notwendig sein, denn Kriege werden vorbereitet und geplant; es werden gigantische Ressourcen zur Verfügung gestellt, es wird geforscht, wie Menschen am effektivsten bekämpft und getötet werden können, es existiert eine weltweite Kriegsindustrie. Es gibt zudem begünstigende Strukturen für massenhafte Gewalt, etwa Ungerechtigkeit, Ausbeutung und Unterdrückung. Sehr wahrscheinlich ist außerdem, dass eine Gesellschaft oder Gemeinschaft mit einem hohen Maß an innerer Gewaltbereitschaft und einer positiven Bewertung des Kampfes eher zu einem nach außen geführten Krieg neigt.

Diese notwendigen oder wahrscheinlichen Bedingungen führen jedoch nicht in jedem Fall zum Krieg. Lange Zeit hatte man befürchtet, dass ein atomarer Krieg zwischen den beiden Supermächten des 20. Jahrhunderts, den USA und der UdSSR, ausbrechen könnte – mit der Folge einer weitgehenden Vernichtung des gesamten Planeten. Was wäre, hypothetisch gefragt, die Ursache eines solchen verheerenden Krieges gewesen? Ein Computerfehler, eine falsche Reaktion auf eine Drohgebärde? Oder hätte man in diesem Fall zu unterscheiden zwischen Anlass und Ursache des Krieges? Die strukturelle Ursache hätte man dann in den ideologischen Gegensätzen, im Wettrüsten oder im Machtkampf der beiden Supermächte zu sehen. Im Regelfall wird untersucht, welche Ursachen ausgebrochene Kriege haben, welche Konflikte ihnen also zugrunde liegen. Verallgemeinern wir aber einzelne Ursachen, zum Beispiel Wettrüsten, Systemkonkurrenz, Machtkämpfe, ideologische Gegensätze oder ökonomische Interessen als Auslöser von Kriegen, wird *einer* möglichen Kriegsursache eine Zwangsläufigkeit zugeschrieben, die sie keineswegs haben muss.

Eine solche Zwangsläufigkeit kann man immer erst nachträglich feststellen; sie lässt all jene Fälle außer Acht, in denen die gleichen Ursachen nicht zu Kriegen geführt haben. Zwischen dem Krim-Krieg (1853–1856) und dem Ersten Weltkrieg (1914–1918) gab es zum Beispiel keinen großen europäischen Krieg, jedoch eine Reihe von schwerwiegenden Konflikten. Diese reichten im Zeitalter des Imperialismus häufig an die Schwelle eines großen Krieges heran, der jedoch – von einigen kleineren Kriegen im Zuge der Nationenbildung (Italien,

Deutschland) abgesehen – vermieden werden konnte (Dülffer et. al. 1994). Auch bei einem atomaren Weltkrieg wären die Kriegsursachen für die wenigen Überlebenden vermutlich eindeutig bestimmbar gewesen: Machtkonkurrenz, Wettrüsten, ideologische Gegensätze.

Aber die Selbstvernichtung des Planeten hat zumindest bisher nicht stattgefunden, und damit relativiert sich die Zwangsläufigkeit dieser möglichen »strukturellen« Gründe. Für Wolfgang Sofsky bleibt bei der Frage, ob es zu einem Krieg kommt oder nicht, ein »unvoraussagbarer Rest, der sich jeder Erklärung entzieht: die Freiheit, Gewalt auszuüben oder zu unterlassen« (Sofsky 2002, 26).

Über den Zufall

Beleuchten wir das Verhältnis von strukturellen Ursachen und eher zufälligen Anlässen an einem Beispiel. Vor dem Sechs-Tage-Krieg zwischen Israel und seinen arabischen Nachbarn 1967 gab es einen Zwischenfall an der israelisch-jordanischen Grenze, bei dem drei israelische Soldaten getötet wurden. Der jordanische König Hussein schrieb unmittelbar darauf einen persönlichen Brief an den israelischen Ministerpräsidenten Eshkol, in dem er versicherte, in Zukunft für die Sicherheit der Grenze zu sorgen. Hussein sandte seinen Brief an den Botschafter der USA in Amman, der ihn an seinen Kollegen in Israel telegraphierte. Es war aber ein Freitag, und der amerikanische Botschafter dachte, der Brief könne bis über das Wochenende warten. Bereits am Sonntag jedoch startete das israelische Militär eine großangelegte Aktion, um die Grenze gegenüber Jordanien zu schützen. Dies veranlasste den ägyptischen Präsidenten Nasser wiederum, im Sinai aufmarschieren zu lassen. Von diesem Zwischenfall ausgehend setzte sich eine Eskalationsspirale in Gang, die ihr Ende im Sechs-Tage-Krieg fand, der bis heute den israelisch-palästinensischen Konflikt grundlegend bestimmt (Oren 2002).

Man kann durchaus bezweifeln, dass der israelische Ministerpräsident die Entscheidung für eine Militäroperation gegen Jordanien getroffen hätte, wenn er von der Entschuldigung Husseins gewusst hätte. Ist der Konflikt somit Folge des Zufalls, dass der amerikanische Botschafter wegen des bevorstehenden Wochenendes den Brief Husseins nicht weitergeleitet hat? Oder bedurfte es nur irgendeines anderen Zufalls, eines Terroranschlages zum Beispiel, um aufgrund der vorhandenen Spannungen einen unaufhaltsamen Eskalationsprozess in Gang zu setzen, der unweigerlich in den Krieg führte?

Eine Grundsatzfrage bleibt jedoch auch in diesem Fall: Hätte der Verzicht auf militärische Aktionen diese Eskalation in jedem Fall verhindern und den Weg für eine nicht-militärische Konfliktaustragung ebnen können? Oder gibt es umgekehrt Fälle, in denen der Verzicht auf militärisches Eingreifen erst eine weitere Eskalation begründet? So diskutiert man in Israel darüber, ob der Verzicht auf einen Vergeltungsschlag im Golfkrieg 1991, als das Land von Saddam Husseins Scud-Raketen getroffen wurde, erst die späteren Angriffe der Hisbollah und die palästinensische Intifada ermöglicht habe, weil die Glaubwürdigkeit der israelischen Abschreckung verloren gegangen sei. Das durch die historischen Siege der israelischen Armee errungene zwischenstaatliche und interkulturelle Gewaltmonopol im Nahen Osten sei durch den Verzicht auf eine militärische Reaktion nunmehr in Frage gestellt worden. Unabhängig von der Problematik dieses speziellen Falls kann es Situationen geben, in denen es zu einer Eskalation kommt, wenn ein faktisches interstaatliches Gewaltmonopol oder die Abschreckung eines Gegners nicht mehr aufrechterhalten werden können.

Verdichtung struktureller Konflikte

Grundsätzlich ist zu unterscheiden zwischen den strukturellen Ursachen eines Konflikts, der zum Krieg führen kann, den Ursachen für die Wahl zwischen einer gewaltsamen oder einer nicht-gewaltsamen Konfliktaustragung (Orywal et al. 1996) sowie den Ursachen für eine Eskalation oder Begrenzung der Gewalt. Dies ist auch der Ausgangspunkt der »Grammatik des Krieges«, wie sie von der Hamburger Arbeitsgemeinschaft Kriegsursachenforschung entwickelt worden ist. Deren Ziel ist die systematische Verknüpfung von struktur- und handlungstheoretischen Elementen. In dieser Perspektive ist die Ursache einer gewaltsamen Konfliktaustragung ein kumulativer Verdichtungsprozess ursächlicher Momente, in dem die strukturellen Bedingungen mit den subjektiven Gründen des Akteurshandelns verknüpft sind.

Ausgangspunkt des entwickelten vierstufigen Modells sind gesellschaftliche Widersprüche und Problemlagen (1), die als Resultat historischer und aktueller Entwicklungen den strukturellen Hintergrund des Konflikts bilden. Diese »Widersprüche« können religiös, ethnisch, ökonomisch, politisch, kulturell oder anderer Art sein. Entscheidend sei jedoch, wie diese gesellschaftlichen Widersprüche aufgefasst und bewertet werden. »Die Wahrnehmungs- und Bewertungsmuster der Beteiligten« filtern die Einflussgrößen und verdichten die gesellschaftlichen Widersprüche zur Krise (2). Der nächste Schritt ist der Übergang zu eigenem Handeln: von passivem Wahrnehmen zu aktivem Handeln, von friedlicher zu gewaltsamer Konfliktaustragung (3). Hierzu gehören unter anderem die Mobilisierung und der Aufbau konfliktfähiger Gruppen, die Beschaffung von Waffen, die ideologische Mobilisierung und schließlich die Rekrutierung kampfbereiter Anhänger. Auf der letzten Ebene, dem Krieg (4), werden die vorhergehenden Eskalationsstufen zusammengefasst und gewinnen durch die Verselbständigung der Gewalt eine neue Qualität. In dieser »Grammatik des Krieges« werde die Komplexität der Kriegsursachen in eine »Stufenfolge auseinander hervorgehender, qualitativ unterschiedlicher Schritte zum Krieg übersetzt« (Jung/Schlichte/Siegelberg 2002, 14–16).

In diesem Erklärungsansatz für die Ursache von Kriegen werden strukturelle Gründe für Krieg und Gewalt »übersetzt« in Handlungs- und Eskalationsschritte. Grundsätzlich wird hiermit das Problem thematisiert, warum es bei den gleichen strukturellen Gründen im einen Fall zu einer gewaltsamen Konfliktaustragung kommt, die in anderen unterbleibt. Zu fragen ist jedoch, ob in dieser Beschreibung der »Grammatik des Krieges«, in der die Eskalationsstufen zwar nachvollzogen werden, die Ursachen für den Übergang von friedlicher zu gewaltsamer Konfliktaustragung wirklich thematisiert werden.

»Mehr-Haben-Wollen« und Furcht

Der griechische Philosoph Platon hat die Zwangsläufigkeit des Peloponnesischen Krieges zwischen Athen und Sparta hervorgehoben, eines Krieges, der die ganze antike Welt erschütterte. In seiner Sicht war das Resultat einer auf äußere Machtentfaltung angelegten Politik in jedem Fall eine kriegerische Auseinandersetzung. Der Krieg zwischen Athen und Sparta war somit das notwendige Ergebnis einer überseeischen Politik, durch welche die traditionelle athenische Lebensweise verändert und eine unbegrenzte Dynamik materieller Begehrlichkeit in Gang gesetzt wurde. Für den Entschluss der Athener Bürger zur kriegerischen Expedition gegen Sizilien spielten nicht zuletzt die verlockenden Geschichten von Eroberungen und gefüllten Staatskassen sowie die Aussicht auf große Beute, auf Land und Vieh eine ausschlaggebende Rolle. Der Krieg gegen

Syrakus war der Versuch eines klassischen Eroberungskrieges (der allerdings mit der vollständigen Niederlage der Athener endete), durch den sich Sparta, das einen Machtzuwachs Athens fürchtete, herausgefordert fühlte (Libero 2000, 29–38).

Von diesem Zeitpunkt an lief alles auf einen Kampf zwischen Athen und Sparta um die Vorherrschaft in Griechenland hinaus. Ausschlaggebend ist neben der Habsucht, dem Mehr-Haben-Wollen, für Platon der Kampf zweier Gegner um die Macht. Mit Blick auf den Ersten Weltkrieg würde dies bedeuten, dass der jahrelange Machtkampf der Großmächte und das Wettrüsten vor allem zwischen Großbritannien und dem Deutschen Reich mit Notwendigkeit in einen Krieg geführt hat, der nur einen beliebigen Anlass (zum Beispiel die Ermordung des österreichischen Thronfolgers in Sarajewo) brauchte.

Der Geschichtsschreiber des Peloponnesischen Krieges und der bedeutendste Historiker des Altertums, Thukydides, sieht die Ursache dieses Krieges zunächst ebenfalls im Machtzuwachs Athens: »Der eigentliche, wenn auch nie offen ausgesprochene Grund war meines Erachtens das Hochkommen Athens«, das den Spartanern »Angst einflößte und sie in den Krieg trieb«. Im Unterschied zur Analyse Platons ist hier jedoch nicht das Machtstreben Athens entscheidend, vielmehr Spartas Angst vor dem Verlust von Macht und auf lange Sicht vor Unterdrückung, Freiheitsberaubung und Sklaverei, die den Krieg eskalieren ließ. In der Untersuchung von Thukydides wird der Krieg auf beiden Seiten aus Furcht und Angst geführt – vor dem weiteren Wachstum Athens (Sparta) beziehungsweise vor einer Eskalation von Forderungen und Drohungen mit unabsehbarem Ende (Athen). Thukydides hielt den Krieg wie Platon für unausweichlich, aber nicht, weil beide Seiten aggressive, expansionistische oder imperialistische Ziele verfolgten, sondern aufgrund der Furcht beider Regierungen vor einem Verlust von Macht und Freiheit, wenn nicht gar der eigenen Existenz (Münkler 1992, 80 ff.).

Die Begründung für den Ausbruch des Krieges ist bei Platon und Thukydides nicht nur unterschiedlich, sondern geradezu gegensätzlich. Im einen Fall geht es um Machtzuwachs, geographische Expansion und die Eroberung von materiellem Reichtum, im anderen um die Verteidigung einer einmal erreichten Machtposition und die Furcht vor dem Verlust von Freiheit und Existenz. Verallgemeinernd können wir sagen, dass Kriege aus dem Mehr-Haben-Wollen von Macht, Gütern und Einfluss oder aber aus der Verteidigung, der Erhaltung der Macht und der eigenen Identität und Existenz entstehen können.

Dieser Gegensatz durchzieht die gesamte Kriegsgeschichte: auf der einen Seite das Mehr-Haben-Wollen von Frauen, Pferden, Land, Macht, Einfluss, ökonomischen Vorteilen, Rohstoffen und Ressourcen mit Hilfe des gewaltsamen Kampfes, auf der anderen die Furcht vor dem Verlust von Macht und dem Gleichgewicht der Kräfte, der eigenen physischen wie politischen Existenz, von Identität und Ehre sowie von allgemeinen Werten der Gemeinschaft. Im Allgemeinen sind diese Gegensätze in der historischen Realität nicht eindeutig voneinander zu trennen, häufig sind sie sogar miteinander verbunden. Es ist sogar davon auszugehen, dass Kriege in der Moderne durch die unmittelbare Verknüpfung zwischen diesen beiden gegensätzlichen Motiven gekennzeichnet sind. Dies nicht nur, weil Angriffskriege im 20. Jahrhundert nach den Katastrophen des Ersten und Zweiten Weltkrieges geächtet wurden.

Entscheidender ist, dass man in modernen Gesellschaften größere Armeen nur aufstellen und Kriege nur führen kann, wenn die Bevölkerung mitwirkt. Die Aussicht auf einen bloßen materiellen Vorteil oder Gewinn, der im Regelfall sowieso nur wenigen zugute kommt, ist kaum geeignet, größere Teile der Bevölkerung für einen Kriegszug zu mobilisieren. Wenn aber deutlich gemacht werden kann, dass es objektiv oder zumindest subjektiv um die Verteidigung von Existenz oder Identität der eigenen Gemeinschaft und ihrer Werte geht, können ganz andere Ressourcen rekrutiert werden.

Dieser Befund entspringt der Beobachtung, dass seit dem Ende der napoleonischen Kriege dynastische Interessen, Territorialfragen sowie Wirtschafts- und Handelsinteressen ihre Bedeutung als primär kriegsauslösende Motive zugunsten diffuser nationaler und ideologischer Ambitionen weitgehend eingebüßt haben (Holsti 1991). Darüber hinaus hat fast die Hälfte der kriegerischen Auseinandersetzungen mit einer Niederlage der angreifenden Seite geendet, knapp ein Drittel ging unentschieden aus und nur in knapp einem Viertel der Fälle konnte der Angreifer einen Sieg erringen (Orywal et al. 1996, 8). Wenn trotzdem Krieg geführt wird, dann deshalb, weil sich oftmals beide Seiten als Verteidiger begreifen.

Aggressivität und kulturelle Disposition

Menschliches Verhalten ist mit bedingt durch genetische Dispositionen, Fähigkeiten und Grenzen. Diese angeborenen »Bausteine« menschlichen Verhaltens werden jedoch durch Sozialisationsprozesse kulturell überformt. Auch Aggressivität gehört zu den durch unsere Gene bedingten Verhaltensmöglichkeiten. Die Fähigkeit zu aggressivem Verhalten beinhaltet jedoch keineswegs einen unentrinnbaren Imperativ, immer und überall aggressiv handeln zu müssen, woraus sich eine allgemeine Zwangsläufigkeit von Kriegen begründen ließe. Ganz im Gegenteil wird die Fähigkeit zur Aggression von Kulturen unterdrückt, geduldet oder gefördert, sie kann auf bestimmte Bereiche begrenzt werden oder ein kulturell gewolltes Ziel sein.

Aggression dient im Allgemeinen der Sicherung des eigenen Überlebens. Dieses Ziel kann in kulturökologischer Perspektive die Anpassung an sich grundlegend ändernde Umweltbedingungen beinhalten und ist aktuell am Zusammenhang von Bevölkerungswachstum und der Verknappung lebenswichtiger Ressourcen wie Wasser, Boden und Luft festzumachen. Diesem Erklärungsmuster zufolge ist der durch Bevölkerungswachstum erzeugte Ressourcenwettbewerb die entscheidende Ursache für kriegerische Auseinandersetzungen (Orywal et al. 1996, 30 ff.) und gegenwärtig vor allem in Zentralafrika zu beobachten. Aus der Übervölkerung entwickelt sich die neuartige Gestalt des »Übervölkerungskriegers« (Diessenbacher 1998, 185 ff.).

Für Hartmut Diessenbacher wird der »Überzählige« die prägende Gestalt des 21. Jahrhunderts sein. Er könne die Erscheinung eines Hungernden annehmen, der sich in das Millionenheer von Armen, Kranken und Slumbewohnern einreiht, aber auch die des Verbrechers und Terroristen, des Kriegers und Völkermörders. Durch die gewaltsame Aktion werde der »Überzählige« zum Übervölkerungskrieger. Das Bevölkerungswachstum wirkt Diessenbacher zufolge verstärkend auf Faktoren, die zu Bürgerkriegen und Völkermorden führen.

In zahlreichen Kulturen werden männliche Aggressivität und kriegerisch-kämpferische Mentalitäten positiv bewertet. In einer Vielzahl, wenn nicht der Mehrzahl der gegenwärtigen Gesellschaften gilt der Machismo als leitendes männliches Ideal. Ein Mann muss tapfer, wehrbereit und kämpferisch sein und jederzeit seine Ehre, die seiner Familie und seines Volkes mit der Waffe in der Hand verteidigen können. »In diesen Gesellschaften hat das Ehre- und Schande-Konzept eine persönlichkeits- und gesellschaftskonstituierende Qualität. Die Wiederherstellung einer verletzten Ehre auch mit Gewalt ist oberstes gesellschaftliches Ziel« (Orywal et al. 1996, 36). Mit diesem Männlichkeitsideal ist in zahlreichen traditionalen Gemeinschaften ein bestimmtes Krieger- und Heldenideal verbunden. Je höher die Wertschätzung von Krieg und Kriegern in ethnischen Gruppen ist, desto eher wird diese dazu neigen,

Konflikte in gewaltsame Auseinandersetzungen zu transformieren.

Derartige Mentalitäten existieren auch in modernen Gesellschaften. Zwar bestand vor dem Ersten Weltkrieg weitgehend Einigkeit darüber, dass ein Krieg zwischen den Großmächten katastrophale Folgen zeitigen würde. Friedrich Engels warnte schon 1887 vor der Verwüstung Europas durch einen solchen Krieg, ebenso der preußische Generalfeldmarschall von Moltke, der 1890 vor dem Reichstag ein wahres Schreckensszenario eines neuen Dreißigjährigen Krieges entwarf – womit er nicht unrecht hatte, begreift man die beiden Weltkriege und die zahlreichen Konflikte zwischen beiden (zum Beispiel die Intervention in den russischen Bürgerkrieg) als einheitliche Epoche von 1914–1945. Gleichwohl wurde dieser Krieg von allen europäischen Mächten nicht nur vorbereitet, sondern auch als unausweichlich angesehen. Der deutsche Reichskanzler von Caprivi vertrat 1891 die Ansicht, »dass eine kriegerische Entscheidung« zwischen den Großmächten »über kurz oder lang unvermeidlich sei«, der russische Kriegsminister informierte den Zaren, dass es in jedem Fall zum Krieg kommen werde, weshalb man rasch losschlagen solle (Förster 2000).

Ohne das Vorhandensein einer kämpferischen Mentalität ist der Ausbruch des Ersten Weltkrieges nicht zu erklären. In Teilen der bürgerlichen Kultur Deutschlands herrschte eine regelrechte Untergangsstimmung. Der Expressionismus etwa spiegelte den verbreiteten Verdruss an einer verknöcherten Gesellschaft in apokalyptischen Visionen wider. Manchem erschien der Krieg wie eine Erlösung (Schneider/Schumann 2000). Besonders deutlich drückte sich diese Tendenz im italienischen Futurismus aus, der den Krieg als ästhetische Ausdrucksform der Moderne verherrlichte (Förster 2000, Eksteins 1990). Der Sozialdarwinismus mit seiner Ideologie eines immerwährenden Existenzkampfes der Arten und seiner simplifizierten Anwendung auf ganze Völker, Gesellschaften, Staaten und Kulturen verstärkte diese Tendenzen noch. Aus diesem Gemisch entwickelte sich ein Weltbild, in dem alle Völker in einen dauernden »Kampf ums Dasein« verstrickt sind, den nur die Stärksten überleben können. Dieser Kampfmentalität zufolge ist »Krieg in erster Linie eine biologische Notwendigkeit«, wie es der pensionierte General Bernhardi zum Ausdruck brachte. Das Deutsche Reich solle sich freudig auf den nächsten Krieg vorbereiten, auf den Kampf um Weltmacht oder Niedergang, weil jegliche Friedenspolitik gegen die Gesetze der Natur verstoße (Förster 2000, 237f.)

Feindbilder

Kein Krieg ohne Feindbilder. Feindbilder haben in Konflikten sowohl die Funktion der Stärkung von Loyalität und Solidarität innerhalb der eigenen Gruppe als auch der Legitimierung der Anwendung von Gewalt gegenüber anderen Gruppen. »Es gibt Feinde; sie sind wirklich vorhanden und füreinander gefährlich, oft besitzen sie die böswilligen Eigenschaften, die man ihnen zuschreibt, und im Laufe ihrer gegenseitigen Beziehung kommt es dazu, daß sie den Vorstellungen immer mehr entsprechen, die sie voneinander haben. In jedem Fall mögen bestimmte Aspekte des Bildes der Wirklichkeit mehr entsprechen als andere, es ist aber schwer, den Grad der Verzerrung zu bestimmen, und jene Verzerrungen, die stattfinden, verstärken den Konflikt und behindern eine gewaltlose Aufhebung der wechselseitigen Feindschaft« (Ostermann/Nicklas 1976, 31).

Die zentrale Frage lautet somit, wann und in welchem Maße Feindbilder eine adäquate Wahrnehmung der Realität sind oder umgekehrt diese verzerren. Die mit Bedrohungsvorstellungen verbundenen Feindbilder können »vollständig berechtigt, z.T. berechtigt oder ohne jede reale Grundlage sein...«

(Flohr 1991). Häufig haben Feindbilder einen rationalen Kern, der sich auf einen wirklichen Konflikt bezieht. In Bezug auf den ehemaligen Ost-West-Konflikt ist etwa darauf hinzuweisen, dass dieser auf einem realen und tiefgreifenden Interessenkonflikt basierte, den man nicht vollständig auf verzerrende Wahrnehmungsmuster oder Missverständnisse zurückführen kann (Flohr 1991, Lin 1999).

Die Funktion der Produktion von Feindbildern muss man in der individuellen, der sozialen und der politischen Dimension ansiedeln. Auf individueller Ebene besteht sie in der Reduktion sozialer Komplexität, der Identitätsfindung und -stabilisierung. Bezüglich der sozialen Dimension ist auf die Bedeutung von Feindbildern bei der Bildung und Erhaltung von Gruppenkohäsion sowie für die Aggressionskanalisierung hinzuweisen. Auf politischer Ebene schließlich können Feindbilder zur Legitimierung von Aufrüstung und Kriegführung, von Systemstabilisierung und Diffamierung innenpolitischer Gegner beitragen (Flohr 1991). Umstritten bleibt, ob Feindbilder weitgehend Verarbeitungsstrategien realer Feindschaften sind oder ob umgekehrt das negative Feindbild am Anfang der Feindseligkeit steht (Benz 1996). Wenn letzteres zutrifft, dann steht das Feindbild am Anfang eines individuellen fremdenfeindlichen Delikts, eines kollektiven Angriffs gegen stigmatisierte Minderheiten, einer kollektiven Raserei gegen Fremde und schließlich des geplanten und organisierten Völkermords (ein interessanter Überblick über Feindbilder aus konstruktivistischer Perspektive findet sich bei Weller 2000 und 2001).

Krieg, Gewalt und Heilsversprechen

Im 20. Jahrhundert wurden, mit und ohne Kriege, ganze Völker und Volksgruppen Opfer von Massakern, ethnischen Säuberungen und Genoziden. In den »Lager-Welten« der totalitären Regime erreichte die Entmenschlichung »politischer Feinde«, ihre Vernichtung durch Arbeit, Hunger und am Ende durch ihre »fabrikmäßige Massentötung«, einen grausamen Höhepunkt. Diese kriegsähnliche Entgrenzung von Gewalt ist mit zu erklären durch die Mobilisierung politischer Macht unter Zuhilfenahme »säkularer Religionen«. Dieser neue Typus von Politik operiert mit Heilserwartungen und Erlösungshoffnungen, welche die neuzeitliche und christliche Trennung von Religion und Politik aufheben. Vor allem im Blick auf Nationalsozialismus und Stalinismus konnte der Nachweis geführt werden, dass beide zwar im weitesten Sinne anti-religiös waren, zugleich aber wesentliche Elemente des Religiösen kultivierten. Dies reichte von in Form von »Gottesdiensten« organisierten Massenaufmärschen, Parteitagen und Totenkulten bis hin zum Gebet an den Führer: »Unser tägliches Brot gib uns heute.«

Viele Aspekte moderner totalitärer Bewegungen und politischer Sekten sind aus ihrem religionsähnlichen Charakter zu erklären: hohe Gehorsamsbereitschaft und Massenloyalität, Unempfänglichkeit für Kritik, Zweifel und Realitätsanforderungen, ebenso das Gefühl, eine historische Mission zu erfüllen, sowie die Bereitschaft, alles, und sei es das Äußerste, für die gemeinsame Sache zu tun (Maier 2000, 9–20). Erst die völlige Vernichtung des Feindes scheint das »Heil« und die Erlösung der eigenen Gemeinschaft von allen Gegensätzen und Widersprüchen zu gewährleisten.

Die gleiche Einbindung in religiöse Vorstellungen findet sich bei Terroristen und jugendlichen Selbstmordattentätern. Bei vielen Terroristen dominieren Züge, die man als von religiösen Phantasmen geprägt bezeichnen kann. Diese Züge können einem vielleicht naiven Glauben an eine Erlösung im Jenseits, aber auch realitätsverkennenden politischen Phantasien entspringen. Für terroristische wie extrem radikale Gruppen kann die Vorstellung attraktiv sein, das irdische Jammertal zu überwinden und das Paradies zu gewinnen (Büttner 2001). Da es bei Terrorakten im Regelfall um Aktionen von Tätern geht, die stellvertretend für Gemeinschaften handeln, spielt der soziale Hintergrund der einzelnen Täter keine entscheidende Rolle. So kann zum Beispiel aus der Zugehörigkeit von Terroristen zur Mittelschicht oder zur Intelligenzija nicht geschlossen werden, dass der behauptete soziale oder ökonomische Hintergrund der Tat nur vorgetäuscht sei. Ausschlaggebend ist, dass im Terrorakt und im Selbstmordanschlag die höchste Form der Anerkennung durch die eigene Gruppe erreicht wird.

Die totalitäre Gemeinschaft erscheint wie ein umfassendes Selbst, ein symbolisches Ich, das auf seine eigene Selbsterhaltung aus ist. Um sie zu erhalten, kann es für den einzelnen notwendig sein, sein Leben nicht nur aufs Spiel zu setzen, sondern es für die Gemeinschaft bewusst zu opfern. Furcht und Angst vor dem Tod der symbolischen Gemeinschaft kann zu dem Glauben führen, dass diese nur durch die reale Vernichtung des Gegners aufrechterhalten werden kann. Eine zentrale Rolle spielt dabei, dass die eigene Gemeinschaft von Anfang an als Selbsterhaltungsgemeinschaft – als Nation oder Staat – konzipiert ist. Aggressivität und Gewalt sind aufgrund der Gefährdung oder drohenden Auflösung der Gemeinschaft insofern gerechtfertigt, als diese ja gerade die Selbsterhaltung der ihr angehörenden Individuen sichern soll.

Wird die überindividuelle Identität als religiöse Gemeinschaft gedeutet, die über den eigenen Tod hinausreicht, erfolgt erst recht eine weitere Entgrenzung der Gewalt aus Furcht vor dem Tod der Gemeinschaft. In diesem Fall soll das politisch-religiös gedachte Kollektiv ein sinnerfüllendes und die Individuen transzendierendes Überleben ermöglichen. Es ist nicht nur ein Kampf auf Leben und Tod, sondern mehr noch ein Kampf um die Bedeutungen von Leben und Tod (Berghoff 1997, 178 f.). Nicht umsonst heißt es von islamistischen Terroristen, dass sie den Tod mehr lieben als ihre Gegner das Leben.

Johann Gottlieb Fichte schrieb zur Zeit der Befreiungskriege: »Wer sterben kann, wer will denn den zwingen?« Die Fähigkeit und die Bereitschaft zum Tod wird hier als höchster Beweis der eigenen Freiheit gesehen (Münkler 1999).

Staatszerfall und nachholende Gründung von Staaten

Die überwiegende Zahl kriegerischer Konflikte wurde nach dem Ende des Zweiten Weltkrieges in Regionen der Dritten Welt ausgetragen. Diese Kriege waren meist reine »Dritte-Welt-Kriege« ohne irgendeine Fremdbeteiligung seitens der Industrieländer oder Staaten der Dritten Welt. In der westlichen Öffentlichkeit nahm man durchweg nur solche Kriege wahr, an denen die eigenen Streitkräfte beteiligt waren oder aber solche, die durch ihre besondere Grausamkeit oder die Zahl der Opfer Aufmerksamkeit erregten.

Die Frage ist, ob die Gründe für die zahllosen Kriege nach 1945 in einem allgemeinen Trend zum Aufbau von Staaten oder umgekehrt im Staatszerfall (»state failure«) zu suchen sind, wie ihn der ehemalige Generalsekretär der Vereinten Nationen, Boutros Boutros Ghali, diagnostizierte. Aus der unvollkommenen Entwicklung beziehungsweise dem Verfall staatlicher Institutionen, besonders von Polizei und Justiz, folgt notwendig die Paralysierung der Regierung, der Niedergang von Recht und Gesetz und die Entstehung von Chaos und Anarchie. Erfahrene und qualifizierte Träger staatlicher Institutionen werden entweder beseitigt oder fliehen aus dem Land. Die Folge dieser Entwicklung ist das Ausbrechen innerstaatlicher Kriege (zit. Spanger 2002, 4).

In der historischen Entwicklung nach 1945 dominierten zunächst Entkolonialisierungs- und Staatsbildungskriege (Korea,

Kuba, Algerien, Vietnam). Seit Anfang der neunziger Jahre sind die Kriege in der Dritten Welt dagegen vor allem das Resultat von Prozessen des Staatszerfalls (Zentralafrika). Im ehemaligen Jugoslawien existierten beide Formen unmittelbar nebeneinander: Aus dem Zerfall der jugoslawischen Staatsmacht entwickelten sich kriegerische Konflikte um die Bildung von neuen Nationalstaaten. All das ist historisch jedoch nicht so neu, wie es auf den ersten Blick scheinen mag. Charles Tilly, ein Pionier in der Analyse des Zusammenhangs von Bürgerkriegen und Staatenbildung, hebt zum Beispiel hervor, dass die meisten Gemeinschaften, die seit dem 16. Jahrhundert politische Autonomie erreichten, sich im Laufe der Jahrhunderte entweder wieder auflösten oder durch größere Einheiten »absorbiert wurden« (Tilly 1975, 38 f.).

Aus der Vielfalt der Kriegsformen seit 1945 lassen sich vier verschiedene Typen herauskristallisieren. Antiregime-Kriege zielen auf die Eroberung der Regierungsmacht, sei es zwecks Revolutionierung des Staatswesens oder auch nur, weil eine bisher unterrepräsentierte Gruppe Zugang zu den begehrten Staatspfründen bekommen will. In Autonomie- und Sezessionskriegen geht es um Unabhängigkeit oder um mehr Partizipation einer Volksgruppe in einem Staatsverband, um die Abspaltung von diesem zwecks Bildung eines eigenen Staates oder darum, sich einem ethnisch verwandten Nachbarstaat anzuschließen. Auch wenn sie nicht mehr die überwiegende Mehrzahl darstellen, gibt es weiterhin traditionelle Staatenkriege. Dekolonialisierungskriege schließlich stellen einen historischen Sonderfall dar, den Kampf einer antikolonialistischen Befreiungsbewegung gegen eine Kolonialmacht (Gantzel 2000, 305 f.).

Aus der Häufigkeit der Fälle von Staatszerfall und der Entstehung von Bürgerkriegsökonomien in den neunziger Jahren hat man den Schluss gezogen, dass dieser Trend eine allgemeine historische Entwicklung markiere und das mittelfristige Ende des Modells des europäischen Staates anzeige (van Creveld 1999, von Trotha 2000). Nach den Terroranschlägen vom 11. September 2001 kündigt sich jedoch eine Renaissance des Staates an. Eine konzeptionelle Reaktion auf den Staatszerfall ist der Umbau bisheriger Staatskonzeptionen, zum Beispiel in »Quasi-Staaten« (Robert Jackson) oder in »kooperativen Transnationalstaaten« (Ulrich Beck). Auch eine partielle Wiederkehr des »Sicherheitsstaates« ist zu notieren, in dem der Staat auf seine grundlegenden Funktionen reduziert wird, unter Absolutsetzung des Sicherheitsaspekts zugleich aber alle gesellschaftlichen Bereiche durchdringt (Spanger 2002).

Zwar überwindet auch die Integration von Staaten in regionalen Bündnissen den Nationalstaat, führt zugleich aber den Gedanken der staatlichen Organisation grundlegender gesellschaftlicher Bereiche fort. Hinzu kommt, dass der unbestreitbare Prozess des Staatszerfalls, vor allem in Afrika, mit Kämpfen um die Erringung einer eigenen Staatlichkeit, etwa in Palästina, einher geht. Insofern ist in keiner Weise abzusehen, ob der gegenwärtige Prozess des Staatszerfalls ein Ende oder nur eine Übergangsphase anzeigt, in der sich neue Formen von Staatlichkeit herausbilden.

Krieg und kapitalistische Vergesellschaftung

Aus der Verlagerung von zwischenstaatlichen Kriegen zu innerstaatlichen gewaltsamen Konflikten ist der Schluss gezogen worden, es handele sich hierbei um einen Zusammenstoß von »bürgerlich-kapitalistischer Vergesellschaftung« einerseits und traditionalen beziehungsweise vorbürgerlichen Vergesellschaftungsformen andererseits (so die Arbeitsgemeinschaft Kriegsursachenforschung, Hamburg). Die historische Durchsetzung des Kapitalismus führe in den traditionalen Gesellschaften zur allmählichen Auflösung gemeinschaftlicher Produktionsweisen und ersetze sie durch Ware und Geld. Massenhaft würden Bauern entwurzelt und zur Landflucht genötigt. Zusätzlich erhöhten moderne Verkehrstechniken genauso wie Flucht und Vertreibung durch ethnische Politisierung, Terror und Krieg die räumliche Mobilität bis hin zu den großen Wanderungsströmen von Arbeitskräften. Die Folge ist die Entstehung riesiger städtischer Zusammenballungen.

Auf persönliche Abhängigkeit gegründete Herrschaftsformen würden mehr und mehr verdrängt durch den rationalen Staat mit Gewaltmonopol, Fachbeamtentum, Rechtsstaatlichkeit und demokratischen Institutionen. An die Stelle von Religion und Mythos als gesellschaftlichen Orientierungen würden Besitzindividualismus, Rechts- und Vertragsdenken, Rationalismus und Affektkontrolle treten. Der historische Prozess der Bildung eines kapitalistischen Weltmarktes habe zwei Seiten: eine gewaltsame und eine zivilisatorische. Zwischen den Staaten habe die »Konkurrenz der Ökonomie den Krieg der Mächte abgelöst« (Siegelberg 1994). Der gewaltsame Aspekt der historischen Durchsetzung des Kapitalismus, die im Mittelalter begann, sei zwar äußerst langwierig, gewaltträchtig und kriegerisch gewesen und habe eine ungeheure Blutspur bis heute gezogen. Trotzdem wäre es fatal, wenn die Gewaltförmigkeit als Eigenschaft des Kapitalismus beziehungsweise der bürgerlichen Gesellschaft missverstanden würde, statt sie als Bedingungen ihrer Durchsetzung zu begreifen. »Durchsetzung bedeutet: Auflösung aller traditionalen Elemente von Gemeinschaft und deren Unterwerfung unter das Gewinn-Kalkül von Privatproduzenten« (Gantzel 2000, 315).

Obwohl dieser Ansatz des Hamburger Arbeitskreises Kriegsursachenforschung den Vorteil hat, dass er beide Seiten der historischen Entwicklung der bürgerlich-kapitalistischen Weltgesellschaft betrachtet, muss man seine teleologische Ausrichtung auf einen Idealtyp von Kapitalismus (vor allem bei Siegelberg) problematisieren. Insbesondere hinsichtlich der gegenwärtigen Ausbreitung von Bürgerkriegsökonomien und der Verbindung von Märkten mit Gewaltstrukturen in »Gewaltmärkten« ist keineswegs vorherzusagen, ob diese neuen Strukturen in wirkliche Marktbeziehungen übergehen werden oder uneinheitliche Märkte bleiben. Uneinheitlich, weil in ihnen zwar Waren marktwirtschaftlich getauscht werden, die Bereitstellung dieser »Waren« (Frauen, Waffen, Drogen, Edelmetalle) jedoch gewaltsam erfolgt.

Das »zivilisatorische Hexagon« und seine Gegensätze

Ausgehend von früheren Untersuchungen von Norbert Elias, Johan Galtung und Hanna Newcombe hat der Friedensforscher Dieter Senghaas ein »zivilisatorisches Hexagon« als Voraussetzung einer nicht-gewaltsamen Austragung von Konflikten innerhalb von Gesellschaften entwickelt. Diese Bausteine für inneren Frieden bestehen aus:

a. Entwaffnung der Bürger/innen und Durchsetzung des staatlichen Gewaltmonopols
b. Herausbildung von Rechtstaatlichkeit zur Kontrolle des staatlichen Gewaltmonopols
c. Affektkontrolle als Grundlage von Aggressionshemmung und Gewaltverzicht und darauf aufbauend von Toleranz und Kompromissfähigkeit
d. Demokratische Partizipation
e. Deckung der wirtschaftlichen und menschlichen sozialen Grundbedürfnisse sowie soziale Gerechtigkeit
f. Konstruktive politische Konfliktkultur mit fairen Chancen für die Artikulation und den Ausgleich von gegensätzlichen Interessen (Senghaas 1998).

Unabhängig von der Frage nach der Wahrscheinlichkeit oder der Möglichkeit der Verwirklichung dieses »zivilisatorischen Hexagons« kann gefolgert werden, dass innere Kriege immer dann wahrscheinlich sind, wenn eine oder mehrere dieser Komponenten in einer Gesellschaft fehlen. Im Umkehrschluss könnte von einem gewaltfördernden Hexagon gesprochen werden, wenn man jeweils den entsprechenden Gegensatz der einzelnen Merkmale einsetzt.[2] Besonders deutlich wird dies beim ersten Punkt, dem Fehlen eines staatlichen Gewaltmonopols und der Existenz privatisierter Gewalt. Der Begriff der privatisierten Gewalt ist in diesem Zusammenhang nicht ganz glücklich, weil es zum Beispiel in den USA zwar viele private Waffenbesitzer gibt, trotzdem aber ein staatliches Gewaltmonopol existiert. Der entscheidende Punkt ist, dass der Staat das Gewaltmonopol besitzt und keine andere Gemeinschaft oder Institution mit dem Anspruch auf legitime Gewaltausübung neben sich duldet.

Das Fehlen von Rechtstaatlichkeit zur Kontrolle des staatlichen Gewaltmonopols findet sich besonders häufig in Diktaturen, in autoritären oder totalitären Staaten und Gemeinschaften, in denen keine Gewaltenteilung existiert. Insgesamt ist zu sagen, dass eine Gemeinschaft umso mehr zu Kriegen neigt, je mehr in ihrem Inneren selbst gewaltsame Strukturen beziehungsweise auf Gewalt beruhende Herrschaft dominieren. Obschon von diesem Ansatz eine ganze Reihe von Kriegen erfasst werden, stehen ihm diejenigen Fälle gegenüber, in denen eine hinsichtlich ihrer inneren Verfasstheit weitgehend befriedete und zivilisierte Gesellschaft fernab Kolonialkriege führte, wie England in Indien und Afrika.

Zusätzliche Probleme wirft die Frage danach auf, welche Gründe Demokratien haben, um Kriege zu führen. Demokratien haben gegen nicht-demokratische Staaten und Gemein-

---

2 Diese Überlegung basiert auf einem Vorschlag von Klaus Jürgen Gantzel.

schaften oft Krieg geführt. Nicht in allen Fällen haben sie jeweils auf einen Angriff reagiert. Ist es zudem tatsächlich eine erfahrungswissenschaftliche Tatsache, dass Demokratien untereinander keinen Krieg führen (Risse-Kappen 1994)? Auch wenn es nur wenige Ausnahmen von dieser Regel gibt (1812 zwischen England und den USA, im Zweiten Weltkrieg zwischen Großbritannien und Finnland), stellt sich die Frage, ob diese Regel in Zukunft Geltung haben wird. Denn in den letzten 400 Jahren gab es nur relativ wenige Demokratien; zudem war die historische Entwicklung wesentlich bestimmt durch die erstmalige Durchsetzung von demokratischen Regierungsformen, sodass Kriege zwischen demokratischen Staaten schon aus diesem Grund ziemlich unwahrscheinlich waren. Die historische »Datenbasis« ist also zu klein, um aus ihr weitreichende Schlussfolgerungen zu ziehen.

Verwenden wir zudem einen normativ gehaltvollen Begriff von Demokratie unter dem Aspekt der nicht-gewaltsamen Beilegung von Konflikten, so scheint es naheliegend zu sein, dass zwei demokratische Gemeinschaften nicht gegeneinander Krieg führen. Was aber ist in Zukunft mit den »real existierenden Demokratien«, also denjenigen Gemeinschaften und Staaten, die zwar bestimmten Mindestanforderungen an demokratische Gemeinwesen genügen, aber einem gehaltvollen Begriff von Demokratie nicht mehr entsprechen (wie zum Beispiel Russland)?

Indien begreift sich etwa als die größte Demokratie der Welt und ist es in gewisser Hinsicht auch. Nehmen wir aber einmal an, auch Pakistan würde sich über kurz oder lang zu einem zumindest formal demokratischen Staatswesen entwickeln. Hier taucht sofort die Frage auf, ob im Konfliktfall zwischen Indien und Pakistan die demokratische Verfasstheit des Staates überhaupt eine Rolle spielt oder ob nicht ganz andere Faktoren für die Konfliktaustragung ausschlaggebend sind. Es kann sogar sein, dass die Rücksicht auf Stimmungen in der Öffentlichkeit eher einen kriegerischen Konflikt zwischen beiden Seiten befördern würde.[3]

Zusammenfassend sind vor allem zwei Bedingungen hervorzuheben, die zur Entstehung von Kriegen führen. Ein Mehr-Haben-Wollen von Gütern, Macht oder ideeller Anerkennung auf der einen Seite (»Imperialismus«), die Furcht vor Verlust von Macht, Freiheit und Werten, wenn nicht vor Vernichtung der eigenen physischen oder symbolischen Existenz auf der anderen. In der historischen Entwicklung des Krieges ist ein Prozess festzustellen, in dem das Mehr-Haben-Wollen sukzessive durch das Motiv der Furcht ersetzt worden ist. Häufig gehen beide Momente ineinander über, wenn »imperialistische« Motive subjektiv als Furcht vor der Herabstufung innerhalb eines Mächtegleichgewichts verstanden werden.

Weitere begünstigende Bedingungen für die gewaltsame Austragung von Konflikten sind der Zerfall von traditionellen Gemeinschaften sowie Staaten infolge der kapitalistischen Globalisierung genauso wie ihr Aufbau in der Perspektive einer nachholenden Entwicklung von Nationalstaaten. Ein generelles Ende von Staatlichkeit als Organisationsform politischer Herrschaft und Bildung von politischen Gemeinschaften ist gegenwärtig nicht abzusehen, weil sich der Prozess des Staatszerfalls fast ausschließlich in Gegenden der Dritten Welt abspielt, in denen die Staatlichkeit bei weitem nicht so ausgebildet ist wie im europäischen Modell.

3 Zum Forschungsprogramm des »demokratischen Friedens« und seiner immanenten Probleme vgl. Müller 2002.

5 Töten im Krieg

Töten im Krieg bewegt sich im Spannungsfeld zwischen Selbsterhaltung, Tötungstabu, Töten aus Furcht und der Selbstentgrenzung durch Gewalt.

In seiner Untersuchung *On killing* (Über das Töten) beschreibt der ehemalige Oberst Dave Grossman seine Erfahrungen mit Trainingsprogrammen der US-Army, in denen Soldaten das Töten beigebracht wird. Den entscheidenden Ansatz sieht er darin, bei den Soldaten das Denken auszuschalten und ihre Handlungsabläufe zu automatisieren. An historischen Beispielen versucht Grossman nachzuweisen, dass in einer Schlacht nur 15–25 Prozent der Soldaten tatsächlich die Bereitschaft besitzen, andere zu töten. Grossman schließt daraus, dass es eine anthropologisch bedingte Hemmung gibt, andere »Auge in Auge« zu töten (Grossman 1995).

Diesem Befund steht jedoch entgegen, dass es in Bürgerkriegssituationen und »Gewaltmärkten« offensichtlich sehr leicht fällt, andere zu töten, zu verstümmeln und zu vergewaltigen. So konnte man in Jugoslawien oder in Ruanda beobachten, dass Nachbarn, die jahrzehntelang miteinander mehr oder weniger gut ausgekommen waren, wie wilde

Tiere übereinander herfielen und sich gegenseitig zerfleischten.

Während es laut Grossman aufgrund der wahrgenommenen anthropologischen Gleichheit und der dadurch bedingten Nähe zum jeweiligen Gegner eine Tötungshemmung gibt, führt gerade diese Nähe in gemischten Siedlungsräumen zu explosionsartig ausbrechenden Gewaltexzessen. Die Schlussfolgerungen hieraus fallen extrem gegensätzlich aus. Während bei Fällen großer (räumlicher oder zwischenmenschlicher) Distanz die Tötungshemmung dadurch ausgeschaltet wird, dass der Gegner nicht mehr als Mensch wahrgenommen wird, kann die Schaffung von Distanz zwischen den Gegnern in Bürgerkriegssituationen zur Begrenzung von Gewalt führen. Nähe und Distanz strukturieren das Gewaltgeschehen somit ganz unterschiedlich.

Warum überhaupt Krieg?

Viele der bisher aufgeführten Faktoren bedingen oder begünstigen die Austragung von Konflikten mit Gewalt und durch Krieg. Aber wie kommt es überhaupt dazu, dass Menschen in Kriegen einander massenhaft töten? Innerhalb des Tierreichs scheinen sie in dieser Hinsicht eine Sonderstellung einzunehmen. Dazu sollen einige Hypothesen entwickelt werden.

Bei vielen Tierarten gibt es zwar ein Tötungstabu innerhalb der Art, gleichzeitig aber einen Verdrängungswettbewerb, der häufig durch Kämpfe entschieden wird. Diese Verdrängung von Artgenossen korrespondiert mit der Bildung von Gemeinschaften sowie Prozessen der Zugehörigkeit oder des Ausschlusses von ihnen. Gelingt es den verdrängten Artgenossen nicht, eigene Gemeinschaften zu bilden oder sich solchen anzuschließen, gehen sie in der Regel zugrunde, etwa deshalb, weil ihnen der Zugang zu Nahrungsquellen verwehrt wird. Die Verdrängung von Artgenossen dient dem eigenen Überleben und der Bildung einer Gruppe, die dieses Überleben unmittelbar oder in der Weitergabe des biologischen Erbes ermöglicht.

Leben und Überleben in der Gemeinschaft, Ausschluss und Verdrängung von nicht zur Gemeinschaft gehörigen Artgenossen – dies kann als Grundmuster von Konflikten innerhalb einer Art betrachtet werden. Im Tierreich sind solche Auseinandersetzungen im Regelfall ritualisierte Rangkämpfe, bei denen die Tötung des Gegners meist vermieden wird. Dies kann jedoch nicht darüber hinwegtäuschen, dass auch hier getötet wird – etwa wenn der Unterlegene auf ein Territorium abgedrängt wird, wo er keine Überlebenschance hat. Während im Tierreich das Recht des körperlich Stärkeren nahezu uneingeschränkt gilt, existiert bei Menschen eine Besonderheit. Sie sind aufgrund ihrer Intelligenz in der Lage, zu erkennen, dass die Verdrängung aus der Gemeinschaft entweder unmittelbar den Tod bedeutet oder zumindest die biologische Fortpflanzung unmöglich macht.

Die Erkenntnis des Zusammenhangs von Verdrängung aus der Gemeinschaft (beziehungsweise der Verdrängung der eigenen durch konkurrierende Gemeinschaften) und dem persönlichen Tod oder der Einschränkung der Fortpflanzungsmöglichkeit ist – so meine zentrale Hypothese – der entscheidende Grund für die Überspringung des Tötungstabus innerhalb der Art des Menschen. Hinzu kommt beim Menschen die ebenfalls durch seinen Verstand entwickelte Fähigkeit, dass der Schwächste oder eine Gruppe von Schwächeren den Stärksten töten kann. Dies geschieht unter Zuhilfenahme von Werkzeugen, vor allem Waffen, aber auch durch »List und Tücke«, das heißt durch den Einsatz von Intelligenz. Zugleich erwächst aus dieser Grundkonstellation auch die mögliche Einsicht, dass ein Kampf auf Leben und Tod zum Untergang der eigenen Gemeinschaft führen kann. Zu einem bestimmten Zeitpunkt des Konflikts kann es daher ratsamer sein, den Kampf aufzugeben und das eigene Überleben durch andere Anstrengungen zu sichern – zum Beispiel durch verbesserte Nahrungsmittelproduktion oder die Entwicklung von neuen technischen Verfahren.

Carl von Clausewitz hatte als eine Wesensbestimmung des Krieges hervorgehoben, dass dieser – »wenn wir ihn uns philosophisch denken« – seinem eigentlichen Begriff nach erst mit der Verteidigung anfängt. Während ein Angriff auf Besitz, Eroberung, Mehr-Haben-Wollen gerichtet ist, sei Verteidigung unmittelbar auf den Kampf bezogen. In diesem Zusammenhang betont er, dass ein Eroberer immer »friedliebend« sei, und merkt ironisch an, dass Napoleon Bonaparte dies auch stets von sich behauptet habe. Ein Eroberer zöge natürlich gerne kampflos in den gegnerischen Staat ein. Damit er dies aber nicht könne, »darum müssen wir den Krieg wollen und also auch vorbereiten, d. h. mit anderen Worten: es sollen gerade die Schwachen (...) immer gerüstet sein«, um gegen einen Überfall gewappnet zu sein (Clausewitz 1990, 634 und 644).

Clausewitz setzt in diesem Kontext offenkundig den »zivilisierten Staatenkrieg« des 18. Jahrhunderts voraus, in dem ein Staat einen anderen angreift, um mehr Macht, Territorien oder Güter zu erlangen. Einen Angriff zu führen, um eine andere Gemeinschaft physisch zu vernichten, entzog sich Clausewitz' Horizont. Insofern kann man die ironisch gemeinte Aussage, ein Eroberer sei immer »friedliebend«, weil er nur die Erlangung von Besitz anstrebe, keineswegs verallgemeinern. Insbesondere im 20. Jahrhundert verwischten sich die Grenzen zwischen Verteidigung und Angriff immer mehr. Sogar die Motive für Völkermord folgten »defensiven« Absichten, das heißt dem Wunsch nach Verteidigung der eigenen Identität, indem Menschen, die in die jeweilige »Schublade« nationaler, rassischer, sozialer oder ethnischer Identität nicht hineinpassten, ausgeschlossen und ermordet wurden. Trotz der völkerrechtlichen Ächtung von Angriffskriegen, oder sagen wir, von Kriegen aus »niedrigen Beweggründen«, werden Kriege nicht weniger.

Defensiv erscheinen auch Fälle, in denen die kämpferische Erhaltung der eigenen Identität keine Reaktion auf einen Angriff von außen darstellt, sondern den Versuch bedeutet, den inneren Zerfall der eigenen Gemeinschaft zu verhindern. Wenn eine Gemeinschaft durch innere Spannungen gefährdet ist, kann der Krieg dazu dienen, sie durch die Bekämpfung eines äußeren Feindes zu stabilisieren. Paradigmatisch hierfür steht das bekannte Diktum Kaiser Wilhelms II. zu Beginn des Ersten Weltkrieges, er kenne keine Parteien mehr, er kenne nur noch Deutsche.

Ebenso werden Kriege geführt, um eine Gemeinschaft mit eigener Identität überhaupt erst zu gründen. Hier soll der Krieg die politische Größe konstituieren, durch deren antizipierte Existenz er sich legitimiert. Am deutlichsten tritt dieses Motiv in den nationalrevolutionären Befreiungsbewegungen hervor, deren Strategie darin besteht, im Kampf die Nation zu errichten, für die der Krieg geführt wird. Die Rede von der reinigenden Kraft des Krieges (Ernst Jünger) oder der läuternden Funktion der Gewalt (Frantz Fanon) erfährt hier ihren politischen Gehalt. Im Kampf soll die Gemeinschaft »zusammengeschmiedet« werden.

Trotz seines historisch begrenzten Horizonts trifft Clausewitz einen Wesenskern des Krieges. Dieser hält die Menschen keineswegs in den Klauen, weil Krieg wesentlich durch Gefühle (van Creveld, Ehrenreich) bestimmt ist, sondern weil er subjektiv oder objektiv der materiellen wie ideellen Selbsterhaltung von Gemeinschaften nach innen und außen dient.[1] Mit dieser

1 Zwar spielen Gefühle innerhalb von Kriegen eine wesentliche, wenn nicht oft sogar entscheidende Rolle – der jeweilige Entschluss zum Krieg ist jedoch in den seltensten Fällen allein durch Gefühle dominiert. Eine allgemeine Theorie des Zusammenhangs von Krieg und Gefühlen entwickelt Kleemeier 2002.

Bestimmung ist jedoch nur eine Seite genannt. Verteidigung und Selbsterhaltung erscheinen nur insofern als eigentlicher Kern des Krieges, solange er vom Aspekt des Kampfes bestimmt wird. Berücksichtigen wir dagegen stärker seine »ursprüngliche Gewaltsamkeit«, das erste Moment der »wunderlichen Dreifaltigkeit«, bleibt Krieg gleichermaßen durch den Aspekt des gewaltsamen »Mehr-Haben-Wollens« von materiellen oder ideellen Gütern wie durch die Erhaltung (oder Schaffung) einer eigenen Identität im Kampf, im Verdrängungswettbewerb von Gemeinschaften, bestimmt.[2]

Rekapitulieren wir, warum dieser Verdrängungswettbewerb gewaltsam ausgetragen wird. In einem nicht-gewaltsamen Wettbewerb zwischen Gemeinschaften kann eine von beiden unterliegen. Um ihre physische oder symbolische Existenz zu erhalten, greift die Seite, die sich subjektiv oder objektiv als Verlierer sieht, zu gewaltsamen Mitteln. Es ist dies die Furcht vor dem physischen oder symbolischen Tod der eigenen Gemeinschaft, die allein durch Kampf und in letzter Konsequenz durch Krieg erhalten werden kann. Im Gegensatz zur Annahme von Thomas Hobbes, dem Begründer der neuzeitlichen politischen Theorie, führt meiner Hypothese zufolge die Angst vor dem eigenen Tod nicht zur Aufgabe des Kampfes um Leben und Tod, sondern nachgerade zu seiner Entfesselung.

Während Hobbes' Annahme in Bezug auf einzelne Individuen weitgehend plausibel sein mag, wenngleich sie die Eigendynamik der Selbstentgrenzung durch Gewalt unterschätzt (Sofsky 1996), ist sie im Hinblick auf Gemeinschaften falsch. Hier setzen die vielen Einzelnen ihr Leben gerade deshalb aufs Spiel, weil sie damit das »Überleben der Gemeinschaft« und

2 Krieg und Gewalt können demzufolge nicht ausschließlich als Formen des Kampfes um noch nicht gewährte Anerkennung gedeutet werden (Honneth 1992), weil es besondere Interessen (Gewaltanwendung aus »gemeinen« Gründen) gibt, die nicht verallgemeinerbar, anerkennungsfähig sind.

damit ihr eigenes symbolisches oder biologisches Überleben ermöglichen. Der gleiche Mechanismus des Verdrängungswettbewerbs kann jedoch auch zu der Einsicht führen, dass Erhaltung und Stärkung der eigenen Gemeinschaft durch kooperatives Verhalten wesentlich besser befördert werden können als durch einen gewaltsam ausgetragenen Konflikt.

Normalerweise werden die Gründe für die gewaltsame Austragung von Konflikten auf alle Menschen bezogen. Für Hobbes' politische Theorie ist jedoch charakteristisch, dass nur einzelne Individuen gewalttätig sind, während zugleich die ganze Gemeinschaft dazu gezwungen wird, Vorkehrungen zu treffen und Institutionen zu bilden, als ob alle Menschen sich gewaltsam verhalten würden (Münkler 1993).[3] Ist es aber wirklich so, dass das gewaltsame Handeln nur eines Teils der Menschen die jeweilige Gemeinschaft dazu zwingt, sich so zu verhalten, als seien alle Menschen gewaltsam? Offensichtlich nicht, denn ansonsten brauchten wir einen absoluten Sicherheitsstaat.

Demgegenüber sind die staatlichen Institutionen, die das Gewaltmonopol durchsetzen sollen, in den meisten zivilisierten Ländern nach einem gesellschaftlich-politischen Konsens gebildet, der vorgibt, welches Maß an Gewaltsamkeit noch tolerierbar ist und welches nicht. Dieses Maß variiert natürlich von Zeit zu Zeit und ist abhängig von der jeweiligen gesellschaftlichen Entwicklung und kulturellen Prägung. In Bürgerkriegssituationen wird das gesellschaftlich tolerierte Maß an Gewalt offensichtlich weit überschritten. Es entwickeln sich scheinbar unaufhaltsame Prozesse der Verselbständigung und Radikalisierung von Gewalt. Das Maß wird ebenso überschritten in Situationen, in denen durch Selbstmordanschläge eine ganze Bevölkerung terrorisiert wird. Eine »Null-Toleranz-Politik« gegenüber gesellschaftlicher Abweichung und Gewaltanwen-

3 Diese Überlegung korrespondiert mit dem eingangs zitierten Forschungsergebnis von Dave Grossman.

dung will in Wirklichkeit nur das überschrittene Maß auf das »Normalmaß« zurückschrauben. Die Überwindung jeglicher Form von Gewalt innerhalb von Gesellschaften und Gemeinschaften ist indes nicht nur nicht möglich, sondern würde auch den Aufwand zu ihrer Unterdrückung ins Unermessliche steigern und damit Gewalt selbst potenzieren.

Übertragen wir diese Hypothese auf den zwischenstaatlichen Bereich, so gehen all jene Ansätze fehl, die Kriegsursachen nur aus einer einzigen Wesensbestimmung herleiten, etwa aus dem gewaltsamen Kampf (Hondrich 2002), aus der aggressiven Natur des Menschen oder dem Kampf ums Überleben (soziobiologische Theorien). Das gleiche gilt umkehrt auch für Erklärungsversuche, die den Menschen als prinzipiell friedfertig sehen und die Ursachen von Kriegen allein in verselbständigten Strukturen suchen, etwa im Staat, im »Kapitalismus«, in der Rüstungsindustrie, in Diktaturen oder im Fehlen demokratischer Partizipation.

In ihrem Versuch der Erklärung der beiden Großtotalitarismen des 20. Jahrhunderts hatte Hannah Arendt hervorgehoben, es sei ganz »natürlich«, dass ein Volk Feinde habe – Auschwitz sei jedoch etwas ganz anderes, etwas völlig Neues gewesen (Arendt 1995). Diese Aussage beinhaltet, dass es Feinde tatsächlich gibt, dass sie nicht oder nicht nur durch Feindbilder produziert werden. Angesichts von Angriffs- oder Vernichtungskriegen gibt es in der Tat relativ geringe Möglichkeiten, sich nicht-gewaltsam zur Wehr zu setzen. Die Anerkennung der Existenz von Feinden, von Menschengruppen und Staaten, die Ziele mithilfe von Gewalt erreichen wollen, bedeutet jedoch nicht, Krieg und Gewalt als unabänderliche Tatsachen zu betrachten oder sie dem Wesen des Menschen zuzurechnen.[4]

4 Diese Position vertritt etwa Martin van Creveld 1998, S. 234 und 318–319, wenn er formuliert, dass der Sinn des menschlichen Lebens im gewaltsamen Kampf liege.

Vielmehr sind Gewalt und Krieg eine menschlichem Handeln inhärente Möglichkeit der Selbsterhaltung und Selbstentgrenzung (»Mehr-Haben-Wollen« von Materiellem wie Ideellem) von Gemeinschaften. Da diese Möglichkeit nie vollständig ausgeschlossen werden kann, ist die entscheidende Aufgabe politischen Handelns die Limitierung von Gewalt und Krieg in der Weltgesellschaft.

Aufhebung der Nähe und Schaffung von Distanz

Die Aufhebung der Nähe zwischen Gegnern zum Abbau der Tötungshemmung kann auf ganz unterschiedliche Art und Weise erfolgen. Systematisch sind vor allem drei Methoden zu unterscheiden, die auch historisch eine große Rolle gespielt haben: erstens die Schaffung von räumlicher, zweitens von sozialer Distanz sowie drittens die Einbindung der Kämpfenden in festgefügte Gemeinschaften, in denen nicht mehr der Einzelne agiert, sondern die Gruppe. Die Zugehörigkeit zu einer Gruppe und deren Handlungsabläufe sind dann stärker als die Tötungshemmung des Einzelnen.

Die Schaffung von räumlicher Distanz zwischen den Kämpfenden ist vor allem ein Kennzeichen moderner Kriegführung und der Entwicklung von Distanzwaffen. Das Ausmaß der zwischenmenschlichen Distanz scheint unmittelbar proportional zur Reichweite der Waffen zu sein. Bei Pfeil und Bogen ist die Distanz noch relativ gering, ebenso bei der frühen Entwicklung von Gewehren. Erst im Zusammenhang mit einem anderen distanzierenden Prinzip, der Einbindung in festgefügte Formationen, erlangten diese Waffen ihre historische Bedeutung. Anders sieht es bereits aus bei Waffen, die auf größere Distanz wirken, etwa bei der Artillerie in den napoleonischen Kriegen und im Ersten Weltkrieg oder bei dem modernen Einsatz von Flugzeugen und Raketengeschossen. Bomberpiloten können ihren Gegner nicht mehr sehen und ihn als menschliches Wesen wahrnehmen. Sie werfen ihre Bomben auf beleuchtete Vierecke oder überlassen die Zielerfassung den Sensoren ihrer Waffensysteme. In der modernsten Form räumlicher Distanz erscheint der Gegner überhaupt nicht mehr als Mensch, sondern nur noch als Zahl und Diagramm auf dem Computerbildschirm.

Ein Instrument zur Herstellung von sozialer Distanz ist die Herabsetzung des Gegners, indem ihm sein Menschsein abgesprochen wird. Die Dämonisierung des Gegners ist die Voraussetzung seiner Vernichtung. So mutierten in der Metaphorik des NS-Regimes die politischen Gegner zu Ungeziefer und Ratten. Auch in der politischen Propaganda zwischen den Weltkriegen wurde der ideologische Gegner mit tierischen Merkmalen belegt (»Russischer Bär«). In diese Kategorie gehört auch die Stigmatisierung des Gegners als »Maschinenwesen«. In all diesen Fällen wird das Menschsein des Gegners negiert, einerseits, um durch die Verbreitung von Furcht und Schrecken das Zusammenengehörigkeitsgefühl der eigenen Gemeinschaft zu stärken, andererseits, um ihm gegenüber die anthropologischen Tötungshemmungen aufzuheben.

Bei der Schaffung von sozialer Distanz spielten die Konzentrationslager der Nationalsozialisten eine besondere Rolle. In ihnen gelangten zwei Wirkmechanismen zur Anwendung: auf der einen Seite die organisierte und zielstrebige Enthumanisierung von Menschen, die durch systematischen Terror zu bloßen Nummern degradiert wurden. Ihre Individualität wurde durch Schmerz und Hunger so weit ausgelöscht, dass sie am Ende nur noch wandelnde Skelette, »Muselmanen« waren (Sofsky 1993, 229 ff.). Auf der anderen Seite wurde eine ausgeklügelte Form von »Arbeitsteilung« vor allem in den reinen Vernichtungslagern entwickelt. Eine Gruppe von SS-Männern betrieb die Selektion, eine zweite führte die Opfer in die Gaskammern, eine von außerhalb des Lagers angereiste Person steckte auf einem Grashügel Behälter mit »Unkrautvernichtungsmitteln« in eine Röhre, eine Gruppe von Häftlingen (»Sonderkommandos«) brachte die Toten zu den Verbrennungsöfen, eine letzte verbrannte sie in den Krematorien. Nahezu keine der beteiligten Personen mit Ausnahme des Lagerkommandanten und seines Stabes überblickte den gesamten Prozess der massenhaften Tötung. Der Lagerkommandant wiederum hatte mit der unmittelbaren Ausführung nichts zu tun und überwachte »nur« den Gesamtablauf. Niemand schien für die Massenvernichtung wirklich persönlich verantwortlich zu sein (Bauman 1992).

Die Tötungshemmung ist auch in Gruppen herabgesetzt, deren Kohärenz und innere Struktur stärker als die einzelne Individualität wirkt. Die Bedeutung des Zusammenhalts der Gruppe wurde besonders im Ersten Weltkrieg deutlich. Der Krieg war für viele Männer der einzige Ort, »wo man Männer leidenschaftlich lieben konnte« (Stephan 1998, 34f.) Gemeint ist jedoch nicht primär die homosexuelle Liebe (wenngleich sie in Männerbünden immer eine große Rolle spielte), sondern die rauschhafte, emotionale Bindung an die Gemeinschaft (ebd.). Diese Männer kämpften nicht aus Angst vor ihren Vorgesetzten oder vor Strafe, sondern primär aus kameradschaftlichen Gefühlen: So wie sie sich auf ihre Kameraden verlassen konnten, so sollten diese sich auch auf sie verlassen können. Möglicherweise ist diese Bindung an die Gruppe durch Stress und eingeübte Bewegungsabläufe wichtiger und naheliegender als abstrakte Ideale oder Interessen, für die der einzelne in die Schlacht zieht. Entscheidend ist dann die Gemeinschaft im Kleinen, die es zu verteidigen gilt.

Der Angst vor dem eigenen Tod, der Angst, durch einen anderen Menschen getötet zu werden, vermag man in ausweglosen Situationen nur durch die Tötung des anderen zu begegnen. Die Angst vor dem eigenen Tod oder dem Tod eines Mitglieds der Gruppe führt unmittelbar dazu, den Verursacher dieser Angst selbst töten zu wollen. Todesangst und Töten hängen unmittelbar zusammen. Es entsteht der subjektive Eindruck, als bringe erst der Gegner einen dazu, selber zu töten. Verantwortlich für die schmerzhafte Überwindung der eigenen Tötungshemmung scheint in diesem Fall der Gegner zu sein. Dadurch entsteht eine grenzenlose Wut auf ihn, weil er es ist, durch dessen Verhalten die eigene Tötungshemmung aufgehoben wurde. Im direkten Kampf (»Auge in Auge«) auf Leben und Tod wird aus der Angst vor dem eigenen Tod der Furor maßloser Gewalt.

Dieses »automatische Töten« aus Angst vor dem eigenen Tod wird in Erich Maria Remarques Roman *Im Westen nichts Neues* höchst plastisch beschrieben. So heißt es dort: »Ich denke nichts, ich fasse keinen Entschluss – ich stoße rasend zu und fühle nur, wie der Körper zuckt und dann weich wird und zusammensackt.« Und weiter: »Wären wir keine Automaten in diesem Augenblick, wir blieben liegen, erschöpft, willenlos. Aber wir werden wieder vorwärts gezogen, willenlos und doch wahnsinnig wütend, wir wollen töten, denn das dort sind unsere Todfeinde jetzt, ihre Gewehre und Granaten sind gegen uns gerichtet. Wir sind gefühllose Tote, die durch einen gefährlichen Zauber noch laufen und töten können« (Remarque 1998).

Ob die von Remarque beschriebene »Lust« am Töten das Resultat eines Triebes ist (zum Beispiel des Freudschen »Aggressionstriebes«), des männlichen Hormonhaushaltes oder von etwas Ähnlichem, bleibe dahingestellt. Wahrscheinlicher ist, dass die in der existentiellen Situation des Kampfes empfundenen Gefühle Ausdruck des Triumphes über den Tod sind, weil die eigene Todesangst niedergehalten werden musste, um handlungsfähig zu sein (Sofsky 2002). Wenn man von einer anthropologisch bedingten Tötungshemmung beim Menschen ausgeht, kann man die Verstümmelung des Gegners zudem als Reaktion darauf deuten, dass gerade trotz des Tötungsverbots »der Andere« getötet wurde. Die Verstümmelung mildert die

Schuld an der Tötung eines Artgenossen dadurch, dass dieser nicht mehr als Mensch identifizierbar ist. Im Akt des Tötens eines Artgenossen wird durch dessen Verstümmelung die Distanz zwischen den Gegnern wieder hergestellt. Vor allem bei der Schändung von Toten, wie sie bei Massakern häufig vorkommt, zeigt sich das Motiv der eigenen »Entschuldung« in dem Versuch, den Gegner auch des letzten Rests an Menschlichkeit zu berauben.

Töten und Nähe

Bisher wurde die Schaffung räumlicher und sozialer Distanz als Voraussetzung individuellen wie massenhaften Tötens thematisiert. Demgegenüber ist in Situationen, die sich durch große Nähe auszeichnen, Töten oftmals selbst ein Mittel, um Distanz wieder herzustellen. Bekannt ist der Sachverhalt, dass die meisten von Privatpersonen begangenen Morde im unmittelbaren sozialen Umfeld der Täter vorkommen. Es ist auch kein Zufall, dass die grausamsten ethnischen Verfolgungen und Vernichtungen sich zwischen benachbarten oder eng verwandten Bevölkerungsgruppen abspielen, wie etwa das Beispiel von Serben, Kroaten und Bosniaken lehrt. Sigmund Freud, der Begründer der Psychoanalyse, sprach vom »Narzissmus der kleinen Differenzen« (Freud 1991): Je näher sich Individuen und Gruppen von Personen stehen, desto mehr spielen enttäuschte Liebes- und Glückserwartungen, uneingelöste Ansprüche und verletzte Selbstwertgefühle in der wechselseitigen Beziehung eine entscheidende Rolle. Von »Fremden«, von Nicht-Gleichen, kann man bei weitem nicht so enttäuscht und verletzt werden wie ausgerechnet von denjenigen, die einem am nächsten stehen (Mentzos 2002).

Gerade bei Gruppen und Gemeinschaften, die räumlich und

durch Nachbarschaftsbeziehungen eng verbunden sind, können auftretende sozio-ökonomische, religiös-kulturelle, ethnische oder politische Konflikte, die nicht mehr verhandelbar sind, in äußerste wechselseitige Wut umschlagen. Aufgrund vielfältiger gegenseitiger Abhängigkeiten mag es in solchen Konfliktsituationen notwendig sein, sich der eigenen Identität dadurch zu vergewissern, dass man sich von der anderen Gruppe distanziert. Das eigene Selbst oder das der Gruppe erfährt seine eigene Macht und Unabhängigkeit schließlich im gewaltsamen Kampf, in dem es, eben wegen der gefährlichen Nähe zu anderen Menschen oder zur anderen Gruppe, nicht zuletzt um die eigene elementare Anerkennung geht (Altmeyer 2002).

Die Verbindung von Nähe und Distanz im Prozess des Tötens wird besonders eindringlich in Heinrich von Kleists *Penthesilea* thematisiert. Nachdem Achill die Amazonenkönigin Penthesilea zunächst besiegt hat, stellt er sich aus Liebe zu ihr einem erneuten Kampf. Er beabsichtigt, diesen Kampf zu verlieren, um Penthesilea ihre Ehre als Kriegerin zurückzugeben und um ihre Liebe zu erringen. Penthesilea durchschaut jedoch die Absicht Achills, die ihre Ehre als Kriegerin weit mehr in Frage stellt als die vorherige Niederlage, und tötet den auch von ihr Geliebten. Ausgerechnet die äußerste Form von Nähe, Liebe, führt in diesem Fall zur Tötung des Anderen. Der Tod Achills bewirkt bei Penthesilea jedoch eine weitere Steigerung ihrer Selbstzweifel, da ihre Anerkennung als Kriegerin allein von dem lebenden Achill als dem Einzigem, der sie besiegt hat, abhängt. Kleists Drama endet nicht nur mit dem Selbstmord Penthesileas, sondern infolge ihrer Nicht-Anerkennung als Kriegerin mit dem Rückfall in die Barbarei. Wie ein Raubtier verstümmelt und zerfleischt sie die Leiche Achills, womit sie auch die letzten Reste ihrer Ehre als Kriegerin verliert (Kleist 1998).

Massaker

Massaker sind das Gegenstück zum Töten aus Furcht, selbst getötet zu werden. Ihr Markenzeichen ist eine völlige Asymmetrie der Handelnden: Es gibt keinen Kampf, sondern nur Täter und das Töten von Wehrlosen. Wie sind Massaker – wenn überhaupt – zu erklären? Eine mögliche Erklärung ist, dass Gewalt und Töten selbst entgrenzend wirken. Ein Individuum oder die Mitglieder einer Gruppe machen die Erfahrung, dass sie zu allem, zu wirklich allem fähig sind. Im Rausch des Massakers verschwinden alle Beschränkungen des Alltags und der eigenen Person vor dem Gefühl absoluter Macht. Meist sind die Täter Menschen, die sich in ihrem sonstigen Leben eingeschränkt fühlen – sei es durch fehlende Anerkennung, durch Hierarchien, durch Hunger, Armut und Gewalt. In der Bluttat des Massakers lassen sie ihre eigenen Grenzen hinter sich – sie sind kein Nichts, kein Niemand mehr, sondern absoluter Herr über Leben und Tod.

Die Entgrenzung des Menschen durch Gewalt hat Wolfgang Sofsky eindrucksvoll beschrieben. Er schildert die Gewalt der Leidenschaften, die Menschen vorantreibt, den Triumph des Überlebens, die Souveränität der Überschreitung der eigenen begrenzten Identität, die Begierden der Selbstentgrenzung. »Gewalt steigert sich selbst. Absolute Gewalt bedarf keiner Rechtfertigung. (...) Sie zielt nur auf die Fortsetzung und Steigerung ihrer selbst. (...) Nicht länger gehorcht sie den Gesetzen des Hervorbringens, der Poiesis. Sie ist reine Praxis. Gewalt um ihrer selbst willen« (Sofsky 1996, 53, 62). Im Massaker verwirklicht sich die absolute Freiheit.

Bekannt ist, dass Soldaten nach dem Ende des Krieges erhebliche Probleme haben, wieder ins zivile Leben zurückzufinden. Die von ihnen erlebte Entgrenzung der Gewalt hat die Differenz von Innen und Außen verwischt. Viele amerikanische Soldaten, die in Vietnam kämpften und dort Gewalt erlebten und selbst ausübten, haben es nie mehr geschafft, sich von dieser traumatisierenden Erfahrung zu befreien. Aber nicht nur der Krieg ist eine Schule der Entgrenzung durch Gewalt, sondern auch die Literatur zwischen den beiden Weltkriegen enthielt eine Unzahl von Kriegsbüchern, in denen das Töten und der Tod gefeiert wird. Es scheint, als habe der Massentod damals eine breite Öffentlichkeit gefunden, weil die Überlebenden keine Ruhe fanden. Der literarische Todeskult war Folge eines »Sich-Verlierens« im Krieg, der in die bürgerliche Zivilisation selber eindrang und keine Grenzen respektierte (Sofsky 1996, Hirschfeld 1993, Geyer 1995).

Opfer

Für Martin van Creveld beginnt Krieg nicht dann, wenn Gruppen von Menschen andere töten. Vielmehr beginne Krieg an dem Punkt, da erstere das Risiko eingehen, selbst getötet zu werden. Diejenigen, die aus »niedrigen Beweggründen« töten, sind für van Creveld keine Kriegführenden, sondern Schlächter, Mörder und Attentäter.[5] Trotz aller Gemeinsamkeiten gehen an diesem Punkt die Meinungen der Theoretiker der »Neuen Kriege« weit auseinander. Während die einen die Verselbständigung von Gewalt, die Exzesse und Regellosigkeit der Kriegführung hervorheben und einen kulturpessimistischen Ansatz verfolgen (vor allem Sofsky), betonen die anderen primär den Aspekt des Opfers. Krieg wird hier als nahezu »heilige Handlung« zur Verteidigung der Existenz von Gemeinschaften (van

5 Obwohl van Creveld seinem Widerpart Clausewitz die Annahme unterstellt, Krieg bestehe im zweckgerichteten Töten, nimmt er implizit dessen These auf, Krieg im eigentlichen Sinn beginne erst mit der Verteidigung; van Creveld 1998, 234–238.

Creveld) und der Zivilisation (Keegan) verstanden, der im Wesentlichen durch die soldatische Bereitschaft zum Opfer für die Gemeinschaft gekennzeichnet ist (Ehrenreich 1997, Stephan 1998). Indem diese Theorien nur eine Seite des Gegensatzpaares von Opfern und Tätern berücksichtigen, verklären sie Krieg zur reinen Opferhandlung, letztlich zur selbstlosesten aller menschlichen Tätigkeiten (van Creveld).

Die Frage ist jedoch, wer im Kampf in Kriegen Opfer und wer Täter ist.[6] Und wann und wo verwischen sich die Grenzen zwischen beiden? Es gibt eine lange Tradition des Opfermythos, in dem noch die barbarischste Vernichtung des anderen als Selbstopferung für eine höhere Sache ausgegeben wurde. So verwandte Heinrich Himmler einige Mühe darauf, seine Untergebenen davon zu überzeugen, dass die Vernichtung von Juden in den Gaskammern in Wirklichkeit eine Heldentat sei. Ein Unterscheidungskriterium liegt offensichtlich darin, ob die eigene gewaltsame Handlung sich gegen Wehrlose richtet oder gegen Personen, die eine Möglichkeit zur Selbstverteidigung oder zur Flucht haben.

Die Verwischung des Gegensatzes von Opfer und Täter im Krieg fasst Thomas Kühne im Begriff des Opfermythos zusammen. Dieser übernehme im modernen Militärwesen die Aufgabe, das aktive Töten im Krieg gesellschaftlich akzeptabel zu machen und den Widerspruch zwischen Töten und Getötetwerden in einer sakralen Aura aufzuheben. Der Opfermythos stifte eine symbolische Ordnung im moralischen und emotionalen Widerstreit von Todes- und Tötungserfahrung, von Allmachts- und Ohnmachtsgefühlen.

---

6 Der Begriff des Opfers bezieht sich hier nicht auf die (oftmals wehrlosen) Opfer von Gewaltausübung, sondern auf diejenigen Waffenträger, die sich (subjektiv oder objektiv) für ihre Gemeinschaft opfern. Zur Differenzierung der Begriffe siehe Münkler/Fischer 2000.

6 Kontinuitäten und Brüche

Die »Neuen Kriege« sind nicht so neu, wie sie auf den ersten Blick erscheinen. In mancherlei Beziehung können sie als Wiederkehr des »Uralten« begriffen werden, des nicht-staatlichen Krieges vor der Epoche der europäischen Staatenkriege. Auch die neuen Kriege in Afrika setzen in gewisser Hinsicht lediglich eine historische Tradition fort. Sie unterscheiden sich bezüglich ihrer Grausamkeit und der Verselbständigung der Gewalt wenig von den Entkolonialisierungskriegen der fünfziger und sechziger Jahre. Später wurden die gewaltsamen Konflikte dort als »Stellvertreterkriege« bezeichnet, nach dem Ende des Ost-West-Konflikts als Raubtierkriege, nunmehr wird die Dimension der Bürgerkriegsökonomie besonders in den Vordergrund gerückt.

Aus dem Staatszerfall im heutigen Afrika können keinerlei positive Entwicklungen für die Zukunft (von Trotha 2000) abgeleitet oder gar eine Rückkehr zu »primitiven Formen der Kriegführung« (Keegan 1995) begründet werden. Die Begrenzungen »primitiver Kriegführung« waren solche der waffentechnologischen und kulturellen Entwicklung. Würde diese Form des Krieges in einer Epoche mit Massenvernichtungswaffen praktiziert, hätte dies katastrophale Folgen für das 21. Jahrhundert.

Gegenüber der Ausbreitung nicht-staatlicher Formen der

Gewalt kann auch nicht einfach auf ein idealisiertes Bild des Staatenkrieges zurückgegriffen werden. Angesichts einseitiger (positiver wie negativer) Bewertungen des staatlichen Krieges muss man an dessen zwiespältige historische Entwicklung erinnern. Einerseits ermöglichte diese Kriegsform zeitweise die weitgehende Begrenzung von Gewalt und die Schonung der Zivilbevölkerung. Auf der anderen Seite darf man nicht außer Acht lassen, dass der neuzeitliche Staatenkrieg in Verbindung mit der Industrialisierung, der Entwicklung nationalistischer und rassistischer Ideologien und dem Prozess der soldatischen Disziplinierung und Abrichtung in die Großkatastrophen des 20. Jahrhunderts mündete.

Unabsehbar ist, ob sich der partielle Zerfallsprozess und der Bedeutungsverlust des Staates in Zukunft fortsetzen wird. Genauso ungewiss ist, ob sich der zwischenstaatliche Krieg tatsächlich überlebt hat. Für die nahe Zukunft dürfte jedoch gelten, dass die großen, teilweise seit Jahrhunderten existierenden Staaten trotz Globalisierung weiterhin bestehen bleiben werden. Mittelfristig könnten sie nur erschüttert werden durch einen Weltkrieg zwischen den Großmächten. Diese Möglichkeit verbleibt jedoch im Rahmen reiner Spekulation. Was ist aber absehbar, wo sind reale Bruchlinien? Geht man von der Fortexistenz des Staates aus, so zeichnen sich drei Bereiche ab, die den Charakter künftiger Kriege verändern können: die technologische Entwicklung, das Bedeutungsgewicht der Medien und das Verhältnis von Staatenkriegen und innerstaatlichen Kriegen.

Technologische Entwicklung

Im technologischen Bereich sind grundlegende Veränderungen zu erwarten. So ist absehbar, dass die in der Ära des Wettrüstens zwischen NATO und Warschauer Pakt entwickelten Waffensysteme und militärisch nutzbaren Techniken einer immer größeren Zahl von Staaten oder sogar privaten Organisationen zugänglich werden. Dies betrifft sowohl atomare, biologische und chemische Massenvernichtungswaffen und die dafür benötigten Trägersysteme als auch die Satellitentechnologie. Die bestehenden internationalen Kontrollinstanzen, besonders im atomaren Bereich, haben diese Entwicklung zwar verlangsamen, aber nicht entscheidend aufhalten können.

Neben den traditionellen Atommächten, USA, Russland, China, Frankreich und England gibt es eine ganze Reihe von Staaten, die bereits jetzt oder demnächst über atomare Waffen verfügen werden. Dazu zählen Südafrika, Israel, Indien, Pakistan und einige Nachfolgestaaten der ehemaligen UdSSR. Mit Hochdruck wird an der Entwicklung von Atombomben zur Zeit im Irak, dem Iran, Nordkorea und möglicherweise auch in Libyen gearbeitet. Das Gleiche gilt auch für die Entwicklung von biologischen Waffen, die inzwischen auf einem technologischen Stand sind, um ähnlich verheerende Auswirkungen wie die von Atombomben zu erzielen.

Schon in der Vergangenheit hat sich gezeigt, dass diese Waffenarsenale eines besonderen Schutzes bedürfen, damit sie nicht missbraucht oder versehentlich angewandt werden. Das »Rote Telefon« als Direktverbindung zwischen dem Präsidenten der USA und dem Generalsekretär der KPDSU sorgte dafür, dass es nicht zu unvorhersehbaren Pannen kam. Ebenso bedurfte es eines ausgeklügelten Systems von Befehlssträngen und mehrfachen Kontrollen, um die nuklearen Waffen unter politischer Kontrolle zu halten und zu vermeiden, dass untergeordnete Befehlshaber das atomare Chaos auslösen konnten. Die Kontrolle von ABC-Waffen wird jedoch desto fraglicher, je mehr Staaten darüber verfügen.

Heute ist zudem ungewiss, ob vor allem die atomaren Waffensysteme weiterhin primär zur Abschreckung dienen oder womöglich irgendwo und irgendwann tatsächlich eingesetzt werden. Dient die Entwicklung atomarer, biologischer und chemischer Waffen seitens der aufstrebenden Staaten dem Ziel größerer politischer und militärischer Unabhängigkeit gegenüber den etablierten Hegemonialmächten? Oder besteht die Gefahr, dass diese Waffen als Ausgleich für konventionelle Unterlegenheit tatsächlich zum Einsatz kommen? Aufgrund der instabilen innenpolitischen Situation in einigen atomaren Schwellenländern ist zudem der Übergang von der bloßen Abschreckung zum realen Einsatz jederzeit denkbar.

Das bisherige atomare Wettrüsten führte nur deshalb nicht zur Selbstvernichtung des Planeten, weil trotz aller ideologischen Rivalität auf beiden Seiten ein Mindestmaß an politischer Rationalität vorhanden war. Diese Rest-Rationalität zeigte sich besonders im Krisenfall (zum Beispiel im Kuba-Konflikt 1962). Ein solches Mindestmaß an Rationalität ist jedoch in den Fällen fraglich, in denen es in der Perspektive nachholender Entwicklung um nationale Autonomie geht oder wo eine durch religiös-kulturelle Konflikte bestimmte Kriegssituation eskaliert.

Ausschlaggebend dafür, dass bisher kein atomarer Weltkrieg stattfand, war zudem nicht primär die wechselseitige Abschreckung, sondern die eigene Selbstabschreckung. Die waffentechnische Entwicklung war so weit fortgeschritten, dass beide Seiten über eine unzerstörbare Zweitschlagskapazität verfügten. Selbst im Falle eines Überraschungsangriffs und eines vernichtenden Erstschlages einer Seite besaß der »besiegte« Gegner noch genügend Atomwaffen, um den »Sieger« mit in den Abgrund zu reißen. Hier galt: Wer als erster schießt, stirbt unweigerlich als zweiter. Diese Konstruktion führte nicht nur dazu, dass der Gegner abgeschreckt, sondern auch dazu, dass der eigene Wille zum möglichen Einsatz der Atombombe entscheidend geschwächt wurde. Aufgrund der höchst ungleichen technologischen Entwicklung kann es sein, dass die Zweitschlagskapazität unterschiedlicher Staaten, obwohl sie über Atomwaffen verfügen, in Zukunft nicht mehr gegeben ist und das Moment der Selbstabschreckung entfällt. Die entscheidende Frage für die Zukunft wird somit sein, ob die durch die technologische Entwicklung bedingte Vervielfältigung atomarer, biologischer und chemischer Waffen unter politisch-militärischer Kontrolle bleiben wird und weiterhin eine Abschreckungsfunktion erfüllt oder ob diese Waffen, zumal in regionalen Konflikten, vielleicht doch zur Anwendung kommen.

Die zweite Seite der absehbaren waffentechnologischen Entwicklung ist durch die »Revolution in Military Affairs« markiert. Ihre wesentlichsten Elemente sind:

a. Zielgenaue und »intelligente« Waffensysteme, die über eingebaute topographische Flugpläne, Infrarotsensoren und satellitengestützte Navigation verfügen.
b. Entwicklung von Kampfrobotern und telegesteuerten Robotfahrzeugen sowie fliegenden Kleinstspionen. Zu diesem Szenario gehören auch silikonfressende Kleinstbakterien, die die gegnerische Elektronik sabotieren.
c. Hightech-Krieger als Mensch-Maschine-Systeme. Sie verfügen etwa über Nachtsichtgeräte, Kopfhörer, Mikrophone und Bildschirme an den Innenseiten ihrer Helmvisiere. Der Krieger erhält unmittelbar von seiner Leitstelle Befehle und liefert automatisch Videobilder und Positionsdaten sowie Daten über seinen eigenen Gesundheitszustand. Die Informationstechnik verkoppelt Menschen und Waffentechnik zu einem aus Teilsystemen gebildeten komplexen militärischen Gesamtsystem.
d. Die Koordination der Hightech-Krieger untereinander ermöglicht die Erstellung eines »digitalisierten Schlachtfeldes«. Damit können die Kommandeure die Schlacht wie ein Videospiel auf dem Bildschirm nachvollziehen und lenken.
e. Wachsende Bedeutung von »non lethal-weapons«, also von

Waffensystemen, die den Gegner lediglich kampfunfähig machen. Hierzu zählen etwa elektromagnetische Impulse zur Schädigung gegnerischer Computer und Sensoren, energiereicher Infraschall zur Erzeugung von Gleichgewichtsstörungen, flächendeckende Anwendung von einschläfernden und halluzinogenen Substanzen (Elemente dieser Aufstellung bei Gray 1997).

Das entscheidende gesellschaftspolitische Problem der »Revolution in Military Affairs« ist, ob es durch diese Entwicklung zu einer grundlegenden Umkehrung des Verhältnisses von ziviler Gesellschaft und Militärwesen kommt. Wurde bisher der Primat von Politik und ziviler Gesellschaft über das Militärwesen postuliert und entsprach dieses Postulat dem Selbstverständnis demokratischer Gesellschaften, so beginnt sich dieses Verhältnis allmählich zu verschieben. »Cyborg-Soldiers«, »autonomous weapons« und »integrierte« Kampfformen stellen die Kontrollmöglichkeiten durch Politik und Zivilgesellschaft grundlegend in Frage. Manche sprechen bereits, sich auf Foucault berufend, von einem Primat des Kampfes gegenüber der Zivilgesellschaft im Gefolge postmoderner Kriegführung (Gray 1997).

Zudem werden immer mehr wissenschaftliche Strategien, Begriffe und Semantiken aus dem Militärwesen in die Sprache von Ökonomie, Gesellschaft und Politik übernommen.[1] Dieser sich anbahnende und durch die technologische Entwicklung bedingte Paradigmenwechsel führt zur Ersetzung des Vorrangs der Zivilgesellschaft durch Kategorien des Kampfes und kor-

1 Sogar Clausewitz selbst ist hiervon betroffen. Siehe als frühes Zeugnis vor allem Ries, Al und Trout, Jack, *Marketing Warfare* (Marketing generalstabsmäßig) 1986 (»Gewidmet einem der größten Marketingstrategen der Welt: Carl von Clausewitz«) sowie neuerdings Oetinger, Bolko von, Ghyczy, Tiha von und Bassford, Christopher, *Clausewitz – Strategie denken*, 2001.

respondiert mit einem neuen Selbstverständnis von Politik. Huntingtons »Kampf der Kulturen« indiziert diesen Paradigmenwechsel, auch wenn seine konkreten Ausführungen deutlich differenzierter sind. Für Huntington benutzen Menschen Politik nicht nur, um ihre Interessen zu fördern, sondern auch zur Definition ihrer Identität. »Wir wissen, wer wir sind, wenn wir wissen, wer wir nicht sind und gegen wen wir sind« (Huntington 1996, 20).

Das Aufeinanderprallen beider Aspekte – der nachholenden technologischen Entwicklung aufstrebender, im Regelfall nicht-demokratischer Staaten und der Potentiale der »Revolution in Military Affairs« – birgt einen enormen Sprengsatz für die weltweite Sicherheit. Ob die Perspektive eines »globalen Krieges von ungewisser Dauer« der US-Regierung unter Präsident George W. Bush, die in der neuen »Nationalen Sicherheitsstrategie« festgelegt wurde, selbst von langer Dauer sein wird, ist zur Zeit noch nicht abzusehen. Entscheidend wird sein, ob das moralische Pathos, sich gleichzeitig im Besitz von Macht und Recht zu fühlen, mit dem eigenen Handeln, das heißt mit der tatsächlichen Beseitigung von Massenvernichtungswaffen in Einklang zu bringen ist oder ob im Gegenteil die Büchse der Pandora erst geöffnet wird.

Zur Bedeutung der Medien in modernen Kriegen

»Die Wahrheit stirbt als Erste im Krieg.« Diese auf die Kriegsberichterstattung gemünzte Feststellung trifft nur einen Aspekt der Bedeutung der Medien in modernen Konflikten. »The nature of warfare has changed and we are making mistakes as a result of misunderstanding the changes«, sagte General-Major Giora Eiland, Leiter des Planungskomitees des Generalstabs der israelischen Streitkräfte, im Hinblick auf die eigenständige Bedeutung der Berichterstattung in modernen Kriegen. »The perception of the reality is more important than the reality itself.« Im Rahmen der Militäraktion »Defense Shield« der israelischen Streitkräfte im Flüchtlingslager Dschenin wurde darüber debattiert, ob die Armee dort ein Massaker verübt habe oder nicht. Die zunächst völlig kontroverse Darstellung der Militäraktion seitens der Israelis und der Palästinenser hatte nicht nur Bedeutung für die Verteilung der jeweiligen Sympathien durch die Weltöffentlichkeit, sondern auch für die Handlungsfähigkeit der israelischen Armee. Die öffentliche Wahrnehmung und Darstellung ihrer bewaffneten Aktionen engten die Optionen der israelischen Armee weitaus stärker ein als die reale Kampfstärke von Hamas und islamischem Dschihad.

Obwohl die öffentliche Wahrnehmung eine zentrale Rolle für die Kriegführung spielt, heißt dies keineswegs, dass der Krieg nur »virtuell« ist (wie dies Baudrillard und Virilio nahe legen). Ganz im Gegenteil unterliegt die Gewaltanwendung seitens des Militärs in demokratischen Gesellschaften einem ständigen Rechtfertigungsdruck. Insbesondere die Versuche, die eigenen Aktionen als saubere »chirurgische Einschnitte« unter weitgehender Schonung der Zivilbevölkerung darzustellen, stehen ständig auf dem öffentlichen Prüfstand.

Von enormer Bedeutung für die weitere Entwicklung war die Berichterstattung über den Golfkrieg (1991) und den Kosovo-Krieg (1999). In beiden Fällen hatten weder der Irak noch Serbien die Möglichkeit, sich auf der militärischen Ebene gegen USA und NATO zu behaupten. Bevorzugter »Kampfplatz« wurde damit die westliche Öffentlichkeit, die über die Medien beeinflusst werden sollte. Ironischerweise war es ein amerikanischer Sender, CNN, der mittelbar die Kriegführung der USA kritisierte, indem er vor Ort über die Wirkung der Bombenabwürfe der alliierten Flugzeuge auf Bagdad berichtete.

Aufgrund der Konzentration auf die jeweils neuesten Nachrichten und des Zugriffs auf Informationen, die eine hohe Einschaltquote sichern, werden moderne Medien leicht zu Erfüllungsgehilfen der Inszenierung von Gewalt. Besonders im Zusammenhang mit den Kriegen in Afrika gab es eine Zeitlang einen regelrechten Wettlauf um die mediale Wiedergabe möglichst grausamer Gewalt. Im palästinensisch-israelischen Konflikt wurden zu Beginn der zweiten Intifada gewaltsame Kämpfe zwischen palästinensischen Kindern und der israelischen Armee wie ein Theaterstück inszeniert, um auf diese Weise strategischen Einfluss auf die Weltöffentlichkeit zu nehmen. Arrangiert wurden die Kämpfe auf wenigen hundert Metern eines Straßenzuges, wobei der Fernsehzuschauer den Eindruck gewinnen musste, es finde ein allgemeiner Volksaufstand gegen die israelische Besatzung statt. In Wirklichkeit nahm das alltägliche Leben nur ein paar Meter weiter seinen normalen Verlauf. Das Drama dieser Inszenierung bestand jedoch darin, dass es für viele blutiger und tödlicher Ernst war. Die Kriegsberichterstattung kann durch die Herstellung von Öffentlichkeit somit die Aktionen der Militärs nicht nur begrenzen, sondern auch durch ihre mediale Inszenierung potenzieren und zur Explosion bringen (Palm/Rötzer 2002, 106 ff.).

In Kenntnis der gewachsenen Bedeutung der Medien in Staaten mit demokratischer Öffentlichkeit und unabhängigen Medien zogen die Militärs die strategische Konsequenz, die Kriegsberichterstattung selber zum Kriegsschauplatz zu machen. Informationen über den Kriegsverlauf werden zur Waffe im Krieg, zu »information warfare«. Die »Joint Vision 2020« der amerikanischen Streitkräfte geht davon aus, dass zur Erreichung von »full spectrum dominance« auf allen denkbaren Ebenen Informationsoperationen mit dem Ziel nötig seien, gegnerische Informationen und Informationssysteme zu beeinflussen, während die eigenen beschützt werden. Zwar gehörte es schon immer zu den Hauptzielen der Befehlshaber auf dem Schlachtfeld, die Informationskanäle des Gegners zu stören, um auf diese Weise selber Informationsüberlegenheit zu erlangen und die Schlacht zu eigenen Gunsten zu entscheiden. Durch die »Revolution in Military Affairs« erhält dieser Aspekt der Kriegführung jedoch eine qualitativ neue Bedeutung. Informationen und die Art und Weise der öffentlichen Wahrnehmung von Militäroperationen werden nämlich selbst zum Mittel der Kriegführung. In den Kriegen der letzten Jahre gehörte es denn auch zu den ersten Zielen, die innere Kommunikation des Gegners sowie dessen Fernseh- und Radiostationen zu zerstören, um das Informationsmonopol zu erlangen.

Die Niederlage im Vietnamkrieg hatte großen Einfluss auf den Wandel der Informationsstrategie seitens des US-Militärs. Vor allem konservative Kreisen betonten, dass das Fehlen einer Zensur zu enormem politischen Druck durch die Presse geführt habe. Dieser Druck sei so stark gewesen, dass das amerikanische Militär nach der TET-Offensive des Vietcong zur Aufgabe und zum Rückzug gezwungen worden sei. Folgerichtig wurde die Presse von den Kriegsschauplätzen der achtziger Jahre (Grenada und Panama) ausgeschlossen. Das Problem liegt freilich darin, dass sich in solchen Fällen die Journalisten selbständig machen und auf eigene Faust recherchieren. Deshalb kam es später zu einer Kehrtwendung. Man praktizierte nicht mehr den Ausschluss der Journalisten vom Kriegsgeschehen, sondern versuchte sie im Gegenteil unter anderem in Pressebriefings gezielt mit Informationen zu versehen.

Das weitestgehende Ziel innerhalb der »Revolution in Military Affairs« besteht in der Herstellung einer Informationshegemonie. Im Kosovokrieg wurden die Journalisten mit Informationen derartig überschwemmt, dass sie mit deren Verarbeitung vollauf beschäftigt waren. Die pure Masse miteinander vernetzter Einzelinformationen erzeugt den Anschein einer vollständigen Aufklärung von Medien und Öffentlichkeit. Ziel ist nicht mehr die unmittelbare Beeinflussung der Öffentlichkeit über die Massenmedien, sondern die Erzeugung eines gigantischen Informationsfeldes. Die kommunikationstheoretische Annahme, dass sich in einem diskursiven Prozess durch eine immer größere Anzahl von Informationen die Wahrheit niemals völlig manipulieren lasse, es also durch den Fortschritt der Informationstechnologien zu einer fortschreitenden Annäherung an die Wahrheit komme, dürfte durch die Entwicklung von »information warfare« fraglich geworden sein.

Ganz im Gegenteil besteht die Gefahr darin, dass bei steigendem Informationsfluss auch der Lenkungsbedarf größer wird, um wichtige von unwichtigen, wahre von falschen, nur aktuelle von längerfristig bedeutsamen Faktoren zu unterscheiden. Das Ergebnis wäre keine »ideale Diskursgemeinschaft«, sondern das Nebeneinander unterschiedlicher Wahrnehmungsmuster, die über keinen gemeinsamen Interpretationsrahmen mehr verfügen. Ein solcher Abbruch realer Kommunikation, in dem jede Seite die jeweilige Information nur in ihren eigenen Diskursrahmen einordnet, ist auf alle Fälle konfliktfördernd (Münkler 1995).

Staatliche und nicht-staatliche Kriege

Wenn weder der staatliche Krieg abgedankt hat noch der nichtstaatliche Krieg allgemein an seine Stelle treten wird, besteht das historisch Neue im unmittelbaren Aufeinandertreffen beider Kriegsformen. Evident wird diese Verknüpfung durch die Anschläge vom 11. September 2001. Der Konflikt zwischen staatlichen und nicht-staatlichen Organisationen wird beide Formen der Kriegführung, vor allem aber den Staatenkrieg, in seiner idealtypischen Ausprägung verändern. Beide Konfliktseiten werden von einem hohen Maß an ideellen, ideologischen und religiösen Motiven geprägt sein. Dies kann schließlich dazu führen, dass sogar Konflikte zwischen Staaten nach dem

Muster des Aufeinanderprallens von staatlichen/nicht-staatlichen Kriegen ausgetragen werden. Denn mehr oder weniger diktatorische Staaten können als tendenziell nicht-staatliche Gebilde eingeordnet werden, weil sie auf »privater Herrschaft«, also auf personalisierter Diktatur (Saddam Hussein) beziehungsweise nicht demokratisch legitimierten Regierungen beruhen.

Die für den staatlichen Krieg bisher konstitutiven Bedingungen – eindeutige territoriale Grenzziehung, prinzipielle Anerkennung des Gegners als gleich, Verhandelbarkeit der politischen Motive – werden zunehmend aufgeweicht. Am Ende taucht wieder die alte Frage auf, ob und an welche Regeln der Kriegführung sich die eine Seite halten soll, wenn es die andere nicht tut.

Können Partisanen wirklich nur bekämpft und besiegt werden, indem man selbst eine partisanische Kampfweise anwendet, wie dies Napoleon behauptet und Carl Schmitt bekräftigt hat? Der Einsatz von US-amerikanischen Spezialtruppen im letzten Afghanistan-Krieg verleitete einige Kommentatoren zur Annahme einer völlig neuen Kriegsform, die sich der Kampfform von Partisanen, Terroristen und irregulären Verbänden annähere. Historisch betrachtet, gab es aber in vielen Kriegen neben regulären Truppen »leichte« (weil nicht mit schwerem Gerät ausgerüstete) unterstützende Einheiten mit Spezialaufgaben.

Zur besseren Bekämpfung von nicht-staatlichen Gruppen oder von Aufständen empfehlen manche Kommentatoren, die bisher geltenden Konventionen der Kriegführung aufzuheben (van Creveld 1998). Diese Position läuft auf das Argument hinaus, dass in einem existentiellen Konflikt diejenige Seite den Krieg verliert, die ihn im Rahmen der geltenden Kriegskonventionen führt, während die Seite, welche diese Konventionen ignoriert, den Krieg gewinnen würde. Die amerikanische Armee etwa habe den Vietnamkrieg nur deshalb verloren, weil sie innerlich an dem moralischen Dilemma zerbrochen sei, sich auch im Guerillakrieg an Konventionen halten zu müssen, die gegenüber anderen regulären Armeen gelten. Dieser moralische Anspruch sei aber praktisch nicht realisierbar gewesen und habe zu einem tiefen Zwiespalt bei den Soldaten geführt, der sich in Desertationen und massenhaftem Rauschgiftkonsum äußerte. Dieser Zwiespalt sei am Ende verantwortlich für die faktische Selbstauflösung der Armee und ihre schließliche Niederlage gewesen (van Creveld 1998, 140–144).

Auch wenn es schwierig ist, im Kampf zwischen regulären und nicht-regulären Soldaten die bestehenden Kriegskonventionen einzuhalten, darf dies auf keinen Fall bedeuten, sie als solche aufzugeben – ganz im Gegenteil. In vielen Staaten Afrikas ist das staatliche Gewaltmonopol nicht zuletzt daran zerbrochen, dass der Staat selber Partei im Bürgerkrieg wurde und dessen Gewaltspezialisten sich nicht an die Begrenzungen staatlicher Kriegführung hielten. Die Anerkennung des staatlichen Gewaltmonopols ist unmittelbar gebunden an den Schutz des Einzelnen nicht nur vor Gewalt durch andere, sondern auch vor unberechtigter Gewaltausübung durch den Staat. Staatliche Kriegführung und Ausübung von Gewalt, die sich nicht an die selbstgewählten Konventionen und Begrenzungen der Kriegführung halten, rufen mehr gewaltsamen Widerstand auf den Plan, als sie ihrerseits bekämpfen können.

Legitimierung und Limitierung von Krieg

Zwei ideelle Prämissen bestimmten das Kriegsgeschehen in Europa während des letzten Jahrtausends: einmal die Idee des gerechten Krieges während des größten Teils des Mittelalters, sodann die Vorstellung eines Rechts zum Krieg als Voraussetzung seiner Begrenzung seit dem 17. Jahrhundert. Hier wie dort gelang es, kriegerische Gewalt zu begrenzen. Zum Teil wurden die irregulären Formen von Gewalt an die Grenzen der europäischen Welt verschoben. Auf den Kreuzzügen des Mittelalters und im Zuge der kolonialen Eroberungen vom 16. bis 20. Jahrhundert wurden die nicht-europäischen Gegner nicht etwa bekämpft, sondern oftmals regelrecht vernichtet. In beiden Fällen endeten die zunächst regulären und begrenzten innereuropäischen Formen der Gewaltanwendung jedoch in einem Desaster. Die Idee des gerechten Krieges führte unmittelbar zu den Religionskämpfen des 16. Jahrhunderts und zum Dreißigjährigen Krieg. Der auf dem Recht zum Krieg beruhende europäische Staatenkrieg, der im 18. und 19. Jahrhundert zur Begrenzung von Krieg und Gewalt geführt hatte, mündete in die Katastrophen des Ersten und des Zweiten Weltkrieges.

Die gegensätzlichen Beurteilungen beider Ideen von Krieg leiten sich jeweils von deren historischem Anfang oder Ende her. Die Theoretiker des 17. und 18. Jahrhunderts verwarfen mit der Idee der Staatsräson und des »gerechten Gegners« jeden Gedanken an einen »gerechten Grund« des Krieges, weil sie das Schicksal der Idee des gerechten Krieges im Dreißigjährigen Krieg vor Augen hatten (Münkler 1987). Analog dazu hält heute so mancher, die Vernichtungsorgien der beiden Weltkriege und den möglichen atomaren »Overkill« vor Augen, eine »primitive« Kriegführung für akzeptabler als eine »moderne« (Keegan 1995). Die Anfänge des gerechten Krieges mit seinem ausgeprägten Ehrenkodex wiederum gelten einigen als ebenso vorbildlich (Stephan 1998) wie die Anfänge des europäischen Staatenkrieges im 17./18. Jahrhundert (Münkler 1995).

Anfang und Ende einer historischen Entwicklung lassen sich aber nicht voneinander trennen, sofern sie auf denselben Prinzipien beruhen. Den europäischen Staatenkrieg kann man nicht unter Bezug auf seine begrenzte Form im 17. und 18. Jahrhundert idealisieren, während man die beiden Weltkriege und die

Kolonialkriege ausklammert. Genauso wenig kann man die Idee des gerechten Krieges lediglich mit Blick auf den Dreißigjährigen Krieg verwerfen, sondern sollte seine begrenzenden, »einhegenden« Wirkungen während langer Phasen des Mittelalters im Auge behalten (Stephan 1998).

Können solche historischen Erfahrungen für die Zukunft genutzt werden? Heute wird das noch für Clausewitz selbstverständliche Recht, mittels Krieg eigene Interessen zu verfolgen, massiv in Frage gestellt. Diese Infragestellung wird entweder moralisch oder mit Kosten-Nutzen-Kalkülen, dem »pazifistischen« Selbstverständnis von Demokratien oder mit dem Hinweis auf die unabsehbaren Folgen einer Eskalation von Gewalt begründet. Und doch erleben wir gegenwärtig eine ungeahnte Renaissance von Krieg und Gewalt. Seit dem Epochenjahr 1989 gibt es eine sukzessive Verschiebung der öffentlichen Aufmerksamkeit und der moralischen Wahrnehmung. Im Vordergrund stehen primär nicht Führung oder Vermeidung von Krieg im engeren Sinn, sondern Phänomene massenhafter Gewalt. Um diese Gewalt einzudämmen, erfahren der Diskurs um den gerechten Krieg und die Legitimierung des Krieges einen ungeheuren Auftrieb. Weil Krieg aber selber mit Gewalt verbunden bleibt, bedarf er einer spezifischen Begründung und Rechtfertigung, um (zumindest gegenüber der Öffentlichkeit) Gewaltanwendung zur Verhinderung von Gewalt plausibel zu machen.

Eine rein moralische Begründung des Krieges würde indes nicht nur schnell zerrieben zwischen dem Anspruch, Gewalt zu verhindern, und der Tatsache, selbst Gewalt auszuüben. Moralische Begründungen von Gewaltanwendung stehen auch immer in der Gefahr, eher zur Eskalation als zu deren Verhinderung oder Begrenzung beizutragen. Zuletzt würde ein rein moralischer Ansatz am Missverhältnis zwischen Anspruch und den realen Möglichkeiten, Gewalt zu verhindern, Schaden nehmen. In rein moralischer Hinsicht macht es keinen Unterschied, ob Gewalt in Zentralafrika, auf dem Balkan oder in Tschetschenien auftritt. Entscheidend ist allein, ob und wie es möglich ist, auf diese gewaltsamen Prozesse einzuwirken. Vielfalt und Komplexität von Gewaltsituationen erfordern unterschiedliche Sichtweisen und Strategien, die eine rein moralische Begründung von Krieg und kriegerischer Intervention ausschließen, wenn man sich nicht dem Vorwurf der »Scheinheiligkeit« aussetzen will.[2]

Auch eine rein formale politische Begründung des Krieges reicht nicht aus, da es in der historischen Entwicklung immer wieder Fälle gegeben hat, in denen ein politischer Machtanspruch zur Entgrenzung von Gewalt geführt hat. Für eine inhaltliche politische Begründung von Krieg ist immer noch die Clausewitzsche »wunderliche Dreifaltigkeit« der entscheidende Ausgangspunkt. Da es im Krieg das Problem der Verselbständigung der Gewalt und der Eigengesetzlichkeiten des Kampfes grundsätzlich gibt, scheint eine Schlussfolgerung zwingend zu sein: Krieg ist dann legitimierbar, wenn er zu einer deutlichen Begrenzung oder sogar Verringerung massenhafter Gewalt führt. Waren bisher Legitimierung von Gewalt (in Form des »gerechten Krieges«) einerseits und ihre Limitierung (in Form des klassischen Staatenkrieges) andererseits einander entgegengesetzt, so müssen für das 21. Jahrhundert politische Formen des Krieges entwickeln werden, die beide miteinander verbinden. Krieg kann legitimiert werden, wenn er der klaren Limitierung von Gewalt dient, damit andere als gewaltsame Strukturen in ihr Recht treten können.

2 Zur Problematik der Intervention und der Möglichkeiten der Begrenzung der Gewalt und der Gefahr ihrer Entgrenzung siehe Münkler 2002.

Literatur

Altmeyer, Martin (2000), *Narzißmus und Objekt*, Göttingen.

Arendt, Hannah (1996), *Elemente und Ursprünge totaler Herrschaft (7. Aufl.)*, München.

Bauman, Zygmunt (1992), *Dialektik und Ordnung. Die Moderne und der Holocaust*, Hamburg.

– (1995), *Moderne und Ambivalenz*, Frankfurt.

Beck, Ulrich (1999), »Über den postnationalen Krieg«. In: *Blätter für deutsche und Internationale Politik*, Heft 8.

– (2002), *Das Schweigen der Wörter. Über Terror und Krieg*, München.

Benz, Wolfgang (1996), *Feindbild und Vorurteil. Beiträge über Ausgrenzung und Verfolgung*, München.

Berghoff, Peter (1997), *Der Tod des politischen Kollektivs. Politische Religion und das Sterben und Töten für Volk, Nation und Rasse*, Berlin.

Beyrau, Dietrich (2002), *Der Krieg in nationalen und religiösen Deutungen der Neuzeit*, Tübingen.

Bredow, Wilfried von (1998), »Das Westfälische System internationaler Beziehungen. Vorgezogener Rückblick auf eine weltgeschichtliche Sequenz«. In: *Die Kunst des Friedensschlusses in Vergangenheit und Gegenwart*. Hrsg. von Heinz Schilling, Michael Behnen, Wilfried von Bredow und Marie-Janine Calic, Hannover, 55–79.

– (2000), *Demokratie und Streitkräfte*, Wiesbaden.

Brehl, Medardus/Platt, Kristin (Hrsg.) (2002), *Feindschaft. Genese und Struktur*, München.

Brett, Rachel/McCallin, Margaret (2001), *Kinder, die unsichtbaren Soldaten*, Norderstedt.

Bröckling, Ulrich (1997), *Soziologie und Geschichte militärischer Gehorsamsproduktion*, München.

Büttner, Christian (2001), *Mit Gewalt ins Paradies. Psychologische Anmerkungen zu Terror und Terrorismus. (HSFK*-Standpunkte 7), Frankfurt.

Buschmann, Nikolaus/Carl, Horst (Hrsg.) (2000), *Die Erfahrung des Krieges*, Paderborn.

Clausewitz, Carl von (1990), *Vom Kriege*. 19. Auflage. Hrsg. von Werner Hahlweg. Nachdruck von 1980, Bonn.

Creveld, Martin van (1998), *Die Zukunft des Krieges*, München.

– (1999), *Aufstieg und Untergang des Staates*, München.

– (2001), *Frauen und Krieg*, München.

Czempiel, Ernst Otto (2002), *Weltpolitik im Umbruch. Die Pax Americana, der Terrorismus und die Zukunft der internationalen Beziehungen*, München.

Daase, Christopher (2000), *Kleine Kriege – Große Wirkung. Wie unkonventionelle Kriegführung die internationale Politik verändert*, Baden-Baden.

Dabag, Mihran/Platt, Kristin (Hrsg.) (1998), *Genozid und Moderne. Strukturen kollektiver Gewalt im 20. Jahrhundert*, Opladen.

Dahlmann, Dittmar (Hrsg.) (2000), *Kinder und Jugendliche in Krieg und Revolution. Vom Dreißigjährigen Krieg bis zu den Kindersoldaten Afrikas*, Paderborn.

Delbrück, Hans (2000), *Geschichte der Kriegskunst im Rahmen der politischen Geschichte*. Hrsg. von Ulrich Raulff, Berlin.

Delmas, Philippe (1997), *The Rosy Future of War*, New York.

Diessenbacher, Hartmut (1998), *Kriege der Zukunft. Die Bevölkerungsexplosion gefährdet den Frieden*, München.

Diner, Dan (2000), *Das Jahrhundert verstehen*, München.

Dülffer, Jost/Kröger, Martin/Wippich, Rolf-Harald (1994), *Vermiedene Kriege. Deeskalation von Konflikten der Großmächte zwischen Krimkrieg und Erstem Weltkrieg (1856–1914)*, München.

Ehrenreich, Barbara (1997), *Blutrituale. Ursprung und Geschichte der Lust am Krieg*, München.

Eisenstadt, Shmuel Noah (1998), *Die Antinomien der Moderne*, Frankfurt.

Eksteins, Modris (1990), *Tanz über Gräben. Die Geburt der Moderne und der Erste Weltkrieg*, Reinbek bei Hamburg.
Elias, Norbert (1997), *Über den Prozeß der Zivilisation. Soziogenetische und psychogenetische Untersuchungen. 2. Bd., Wandlungen der Gesellschaft, Entwurf zu einer Theorie der Zivilisation (zuerst 1939)*, Frankfurt a. M.
Elwert, Georg (1997), »Gewaltmärkte. Beobachtungen zur Zweckrationalität der Gewalt«. In: von Trotha 1997, 86–101.
Erbe, Michael (2002), *Revolutionäre Erschütterungen und erneuertes Gleichgewicht. Internationale Beziehungen 1785–1830*, Paderborn.
Flohr, Anne Kathrin (1991), *Feindbilder in der internationalen Politik: Ihre Entstehung und ihre Funktion*, Hamburg, Münster.
Förster, Stig (1997), »Ein alternatives Modell? Landstreitkräfte und Gesellschaft in den USA 1775–1865«. In: Frevert 1997, 94–118.
– (2000), »Im Reich des Absurden: Die Ursachen des Ersten Weltkrieges«. In: Wegner 2000, 211–252.
Foucault, Michel (1976), *Überwachen und Strafen*, Frankfurt.
– (2001), *In Verteidigung der Gesellschaft. Vorlesungen 1975–76*, Frankfurt.
Freud, Sigmund (1999), »Das Unbehagen in der Kultur«. In: ders. Gesammelte Werke, Bd. 14, Frankfurt.
Frevert, Ute (Hrsg.) (1997), *Militär und Gesellschaft im 19. und 20. Jahrhundert*, Stuttgart.
– (2001), *Die kasernierte Nation*, München.
Fukuyama, Francis (1992), *Das Ende der Geschichte*, München.
Freyer, Hans (1925), *Der Staat*, Leipzig.
Gantzel, Klaus Jürgen (2000), »Über die Kriege nach dem Zweiten Weltkrieg: Tendenzen, ursächliche Hintergründe, Perspektiven«. In: Wegner 2000, 299–318.
Gantzel, Klaus Jürgen/Schwinghammer, Torsten (1995), *Die Kriege nach dem Zweiten Weltkrieg bis 1992. Daten und Tendenzen*, Hamburg, Münster.
Genschel, Philipp/Schlichte, Klaus (1997), »Wenn Kriege chronisch werden: Der Bürgerkrieg«. In: *Leviathan*, 25, 4, 501–517.
Geyer, Michael (1995), »Eine Kriegsgeschichte, die vom Tod spricht«. In: Lüdtke, Alf und Lindenberger, Thomas, *Physische Gewalt*, Frankfurt.

Goya, Francisco (1961), *Sämtliche Radierungen und Lithographien*, Wien.
Gray, Chris Habbles (1997), *Postmodern War*, London.
Grossman, Dave (1995), *On Killing. The Psychological Costs of Learning to Kill in War and Society*, Boston.
Habermas, Jürgen (1994), *Die Moderne – ein unvollendetes Projekt*, Leipzig.
Herberg-Rothe, Andreas (2001), *Das Rätsel Clausewitz*, München.
Hirschfeld, Gerhard u.a. (Hrsg.) (1993), *»Keiner fühlt sich hier mehr als Mensch ...« Erlebnis und Wirkung des ersten Weltkrieges*, Essen.
– /Krumeich, Gerd/Langewiesche, Dieter (Hrsg.) (1997), *Kriegserfahrungen*, Essen.
– /Krumeich, Gerd/Renz, Irina (Hrsg.) (1997), *Enzyklopädie des Ersten Weltkriegs*, Paderborn.
Hobbes, Thomas (1651, 2000), *Leviathan*. Hrsg. Von Iring Fetscher, Frankfurt.
Höffe, Otfried (2002), *Demokratie im Zeitalter der Globalisierung*, München.
Hoffman, Bruce (2001), *Terrorismus, der unerklärte Krieg. Neue Gefahren politischer Gewalt*, Frankfurt.
Hofmeister, Heimo (2001), *Der Wille zum Krieg und die Ohnmacht der Politik*, Göttingen.
Holsti, Kalevi, J. (1991), *Peace and War. Armed Conflicts and International Order 1648–1989*, Cambridge.
Hondrich, Karl Otto (2002), *Wieder Krieg*, Frankfurt.
Honneth, Axel (1992), *Kampf um Anerkennung. Zur moralischen Grammatik sozialer Konflikte*, Frankfurt.
Horkheimer, Max/Adorno, Theodor (1969), *Dialektik und Aufklärung*, Frankfurt.
Howard, Michael (1991), *Der Krieg in der europäischen Geschichte*, München.
– (2001), *Die Erfindung des Friedens*, Lüneburg.
Huntington, Samuel P. (1996), *Kampf der Kulturen: Die Neugestaltung der Weltpolitik im 21. Jahrhundert*, München.
Hüppauf, Bernd (1993), »Schlachtenmythen und die Konstruktion des ›Neuen Menschen‹«. In: Hirschfeld u.a. 1993, 53–103.
Ignatieff, Michael (2000), *Die Zivilisierung des Krieges*, Hamburg.
– (2001), *Virtueller Krieg*, Hamburg.

Jackson, Gabriel (1999), *Zivilisation und Barbarei. Europa im 20. Jahrhundert*, Frankfurt.
Joas, Hans (2000), *Kriege und Werte. Studien zur Gewaltgeschichte des 20. Jahrhunderts*, Weilerswist.
Jung, Dietrich/Schlichte, Klaus/Siegelberg, Jens (2002), *Kriege in der Weltgesellschaft. Strukturgeschichtliche Erklärung kriegerischer Gewalt 1945 bis 2000*, Wiesbaden.
Kaldor, Mary (2000), *Neue und alte Kriege. Organisierte Gewalt im Zeitalter der Globalisierung*, Frankfurt.
Kant, Immanuel (1795, 1995), *Zum ewigen Frieden*. Hrsg. Von Otfried Höffe, Berlin.
Kapuscinski, Ryszard (1999), *Afrikanisches Fieber*, Frankfurt.
Keegan, John (1995), *Die Kultur des Krieges*, Berlin.
– (2000), *Der erste Weltkrieg. Eine europäische Tragödie*, München.
Keeley, L. H. (1996), *War before Civilization: The Myth of the Peaceful Savage*, Oxford.
Kleemeier, Ulrike (2002), *Grundfragen einer philosophischen Theorie des Krieges*, Berlin.
Kleinschmidt, Harald (1996), »Disziplinierung zum Kampf«. In: *Blätter für deutsche Landesgeschichte*. 132. Jg., Koblenz, 173–200.
Kleist, Heinrich von (1808, 1997), *Penthesilea*, München.
Knöbl, Wolfgang/Schmidt, Gunnar (Hrsg.) (2000), *Die Gegenwart des Krieges. Staatliche Gewalt in der Moderne*, Frankfurt.
Koehler, Jan/Heyer, Sonja (Hrsg.) (1998), *Anthropologie der Gewalt. Chancen und Grenzen der sozialwissenschaftlichen Forschung*, Berlin.
Kolko, Gabriel (1999), *Das Jahrhundert der Kriege*, Frankfurt.
Kosellek, Reinhart/Jeismann, Michael (1994), *Der politische Totenkult. Kriegerdenkmäler in der Moderne*, München.
Krippendorff, Ekkehart (1985), *Staat und Krieg. Die historische Logik politischer Unvernunft*, Frankfurt.
Krumwiede, Heinrich-W./Waldmann, Peter (Hrsg.) (1998), *Bürgerkriege: Folgen und Regulierungsmöglichkeiten*, Baden-Baden.
Krysmanski, Hans-Jürgen (1993), *Soziologie und Frieden*, Opladen.
Kühne, Thomas (1999), »Der Soldat«. In: Frevert, Ute/Haupt, Heinz-Gerhard (Hrsg.), *Der Mensch des 20. Jahrhunderts*, Frankfurt, New York, 344–372.
– (2001), *Lust und Leiden an der kriegerischen Gewalt. Traditionen*

und Aneignungen des Opfermythos, ungedruckter Vortragstext zur Jahrestagung des Arbeitskreises Historische Friedensforschung »Vom massenhaften gegenseitigen Töten – oder: Wie die Erforschung des Krieges zum Kern kommt«, Ev. Akademie Loccum, 2.–4. Nov. 2001.

Kunisch, Johannes/Münkler, Herfried (Hrsg.) (1999), *Die Wiedergeburt des Krieges aus dem Geist der Revolution*, Berlin.

Langewiesche, Dieter (Hrsg.) (1989), *Revolution und Krieg. Zur Dynamik historischen Wandels seit dem 18. Jahrhundert*, Paderborn.

Libero, Loretana de (2000), *Antike Wege in den Krieg*. In: Wegner 2000, 25–44.

Lin, Susanne (1999), *Vorurteile überwinden – eine friedenspädagogische Aufgabe. Grundlegung und Darstellung einer Unterrichtseinheit*, Weinheim und Basel.

Luttwak, Edward (2002), *Strategie. Die Logik von Krieg und Frieden*, Lüneburg.

Maier, Hans (2000), *Wege in die Gewalt. Die modernen politischen Religionen*, Frankfurt.

Mentzos, Stavros (2002), *Der Krieg und seine psychosozialen Kosten*, Göttingen.

Modernität und Barbarei (1996), Hrsg. von Miller, Max und Hans-Georg Soeffner, Frankfurt.

Moussaoui, Abd Samad/Bouquillat, Florence (2002), *Zacharias Moussaoui, mein Bruder*, Zürich.

Müller, Harald (1998), *Das Zusammenleben der Kulturen. Ein Gegenentwurf zu Huntington*, Frankfurt.

– (2002), *Antinomien des demokratischen Friedens*. In: Politische Vierteljahresschrift, Bd. 43, Nr. 1, 46–81.

Müller, Harald/Schörnig, Niklas (2001), *Revolution in Military Affairs. Abgesang kooperativer Sicherheitspolitik der Demokratien?* HSFK-Report 8/2001, Frankfurt.

Müller, Klaus (2000), »Kriegsausbruch 1939: Der Wille zum Krieg und die Krise des Internationalen Systems«. In: Wegner 2000, 253–282.

Münkler, Herfried (1987), *Im Namen des Staates. Die Begründung der Staatsräson in der Frühen Neuzeit*, Frankfurt.

– (Hrsg.) (1990), *Der Partisan. Theorie, Strategie, Gestalt*, Opladen.

– (1992), *Gewalt und Ordnung*, Frankfurt.
– (1993), *Thomas Hobbes*, Frankfurt.
– (1995), »Die Kriege der Zukunft und die Zukunft der Staaten«. In: *Berliner Debatte Initial*, Heft 6, 3–12.
– (1999), »›Wer sterben kann, wer will denn den zwingen.‹ Fichte als Philosoph des Krieges«. In: Kunisch/Münkler 1999, 241–259.
– (2002), *Die neuen Kriege*, Reinbek bei Hamburg.
– (2002 a), *Über den Krieg*, Weilerswist.
– (2002 b), »Asymmetrische Gewalt. Terrorismus als politisch-militärische Strategie«. In: *Merkur*, 1/2002, 1–12.
– /Fischer, Karsten (2000), »›Nothing to kill or die for...‹ Überlegungen zu einer politischen Theorie des Opfers«. In: Leviathan, 28. Jahrgang, Heft 3, 343–362.
Neckel, Sighard/Schwab-Trapp, Michael (Hrsg.) (1999), *Ordnungen der Gewalt*, Opladen.
Nissen, Astrid/Radtke, Katrin (2002), »Warlords als neue Akteure der Internationalen Beziehungen«. In: Albrecht, Ulrich/ Kalmann, Michael/Riedel, Sabine/Schäfer, Paul (Hrsg.), *Das Kosovo-Dilemma. Schwache Staaten und Neue Kriege als Herausforderungen des 21. Jahrhunderts*, Münster 2002.
Oren, Michael B. (2002), *Six Days of War: June 1967 and the making of the Modern Middle East*, Oxford.
Orywal, Erwin/Rao, Aparna/Bollig, Michael (Hrsg.) (1996), *Krieg und Kampf. Die Gewalt in unseren Köpfen*, Berlin.
Osiander, Andreas (1995), »Plädoyer für die Abschaffung des ›Krieges‹«. In: *Berliner Debatte Initial*, Heft 6.
Ostermann, Anne/Nicklas, Hans (1976), *Vorurteile und Feindbilder*, München.
Palm, Goedart/Rötzer, Florian (Hrsg.) (2002), *Medien. Terror. Krieg. Zum Kriegsparadigma des 21. Jahrhunderts*, Hannover 2002.
Parker, Geoffrey (1990), *Die militärische Revolution. Die Kriegskunst und der Aufstieg des Westens 1500–1800*, Frankfurt, New York.
Reemtsma, Jan Philipp/Friedländer, Saul (1999), *Gebt der Erinnerung Namen*, München.
Remarque, Erich Maria (1998), *Im Westen nichts Neues*, Köln.
Reuter, Christoph (2002), *Mein Leben ist eine Waffe. Selbstmordattentäter. Psychogramm eines Phänomens*, München.

Riekenberg, Michael (1999), »Warlords. Eine Problemskizze«. In: *Comparativ. Leipziger Beiträge zur Universalgeschichte und vergleichenden Gesellschaftsforschung.* 9. Jg., Heft 5/6, 187–205.

Risse-Kappen, Thomas (1994), »Demokratischer Frieden? Unfriedliche Demokratien? Überlegungen zu einem theoretischen Puzzle«. In: *Frieden und Konflikt in den Internationalen Beziehungen.* Hrsg. Gert Krell und Harald Müller, Frankfurt, 159–189.

Rösener, Werner (2000), *Staat und Krieg. Vom Mittelalter bis zur Moderne*, Göttingen.

Rufin, François/Rufin, Jean-Christophe (Hrsg.) (1999), *Ökonomie der Bürgerkriege*, Hamburg.

Sabbah, Raid (2002), *Der Tod ist ein Geschenk. Die Geschichte eines Selbstmordattentäters*, München.

Schlichte, Klaus (1996), *Krieg und Vergesellschaftung in Afrika. Ein Beitrag zur Theorie des Krieges*, Münster, Hamburg.

Schmid, Margrid/Schmid, Alice (2001), *I killed people. Wenn Kinder in den Krieg ziehen*, Göttingen.

Schmidt, Peer (1994), »Das Militärwesen«. In: *Handbuch der Geschichte Lateinamerikas.* Hrsg. von Bernecker, Walther L., u. a. Bd. 1, Stuttgart, 364–376.

– (2003), »Der Guerillero. Die Entstehung des Partisanen in der Sattelzeit der Moderne – eine atlantische Perspektive 1776–1848«. In: *Geschichte und Gesellschaft*, Heft 2.

Schmidt, Rüdiger (1998), »Innere Sicherheit und ›gemeiner Nutzen‹«. In: Sicken, Bernhard, *Stadt und Militär 1815–1914*, Paderborn.

Schmitt, Carl (1963), *Theorie des Partisanen. Zwischenbemerkung zum Begriff des Politischen*, Berlin.

– (1932), *Der Begriff des Politischen.* 6. Aufl., Berlin 1996.

Schneider, Uwe/Schumann, Andreas (Hrsg.) (2000), *Krieg der Geister und literarische Modernen*, Würzburg.

Schulz, Gerhard (Hrsg.) (1997), *Partisanen und Volkskrieg. Zur Revolutionierung des Krieges im 20. Jahrhundert*, Göttingen.

Senghaas, Dieter (1995), *Den Frieden denken. Si vis pacem, para pacem*, Frankfurt.

– (1998), *Zivilisierung wider Willen. Der Konflikt der Kulturen mit sich selbst*, Frankfurt.

Siegelberg, Jens (1994), *Kapitalismus und Krieg. Eine Theorie des Krieges in der Weltgesellschaft*, Münster, Hamburg.

Sikora, Michael (2002), »Der Söldner«. In: Horn, Eva/Kaufmann, Stefan/Bröckling, Ulrich (Hrsg.), *Grenzverletzer. Figuren politischer Subversion*, Berlin.

– (2003), »Söldner – historische Annäherung an einen Kriegertypus«. In: *Geschichte und Gesellschaft*, Heft 2, 2003.

Sloterdijk, Peter (2002), *Luftbeben. An den Wurzeln des Terrors*, Frankfurt.

Sofsky, Wolfgang (1993), *Die Ordnung des Terrors*, Frankfurt.

– (1996), *Traktat über die Gewalt*, 2. Aufl., Frankfurt.

– (2002), *Zeiten des Schreckens*, Frankfurt.

Spanger, Hans-Joachim (2002), *Die Wiederkehr des Staates.* HSFK-Report 1/2002, Frankfurt.

Stephan, Cora (1998), *Das Handwerk des Krieges*, Berlin.

Sternberger, Dolf (1978), *Drei Wurzeln der Politik.* 2. Bd., Frankfurt.

Ternon, Yves (1996), *Der verbrecherische Staat. Völkermord im 20. Jahrhundert*, 1996.

Thoß, Bruno/Volkmann, Hans-Erich (Hrsg.) (2002), *Erster Weltkrieg – Zweiter Weltkrieg: Ein Vergleich. Krieg, Kriegserlebnis, Kriegserfahrung in Deutschland 1914–1945*, Paderborn.

Thukydides (1993), *Der Peloponnesische Krieg*, Essen.

Tilly, Charles (1975), *The Formation of National States in Western Europe*, Princeton.

Tolstoj, Lew (1989), *Krieg und Frieden*, München.

Toulmin, Stephen (1994), *Kosmopolis. Die unerkannten Aufgaben der Moderne*, Frankfurt.

Trotha, Trutz von (Hrsg.) (1997), *Soziologie der Gewalt*, Wiesbaden.

– (1999), *Formen des Krieges. Zur Typologie kriegerischer Aktionsmacht.* In: Neckel/Schwab-Trapp 1999.

– (2000), »Die Zukunft liegt in Afrika«. In: *Leviathan* Nr. 2.

Virilio, Paul (1993), *Krieg und Fernsehen*, München.

Wagener, Sybil (1999), *Feindbilder. Wie kollektiver Hass entsteht*, Berlin.

Waldmann, Peter (1998), *Terrorismus. Provokation der Macht*, München.

– (1998 a), »Bürgerkrieg – Annäherung an einen schwer fassbaren Begriff«. In: Krumwiede/Waldmann 1998, 15–36.

– (1998 b), »Eigendynamik und Folgen von Bürgerkriegen«. In: Krumwiede/Waldmann 1998, 108–132.

Wegner, Bernd (Hrsg.) (2000), *Wie Kriege entstehen. Zum historischen Hintergrund von Staatenkonflikten*, Paderborn.

– (Hrsg.) (2002), *Wie Kriege enden. Wege aus dem Krieg von der Antike bis zur Gegenwart*, Paderborn.

Weller, Christoph (2000), *Die öffentliche Meinung in der Außenpolitik. Eine konstruktivistische Perspektive*, Wiesbaden.

– (2001), *Feindbilder. Ansätze und Probleme ihrer Erforschung*, Bremen.

Wette, Wolfram (2002), *Die Wehrmacht. Feindbilder, Vernichtungskrieg, Legenden*, Frankfurt.

– /Ueberschär, Gerd R. (Hrsg.) (2001), *Kriegsverbrechen im 20. Jahrhundert*, Darmstadt.

Wimmer, Michael/Wulf, Christoph/Diekmann, Bernhard (Hrsg.) (1996), *Das zivilisierte Tier. Zur historischen Anthropologie der Gewalt*, Frankfurt.

Glossar

Asymmetrische Kriegführung ist der Gegenpol zu einem Zweikampf, einem Duell gleicher Gegner. Hier stehen sich nicht zwei Armeen gegenüber und bekämpfen einander, sondern beide Gegner sind militärisch in höchstem Maße ungleich. Im Kosovo-Konflikt bekämpfte die NATO etwa die militärische Infrastruktur Serbiens aus der Luft, da ein unmittelbarer Kampf mit Bodentruppen zu risikoreich schien. Die serbische Seite wiederum, da sie sich gegen die hoch fliegenden Flugzeuge nicht wehren konnte, versuchte die albanische Bevölkerung des Kosovo zu vertreiben. Insbesondere Terrorismus gegen die gegnerische Zivilbevölkerung ist durch eine große Asymmetrie zwischen den Gegnern gekennzeichnet.

Existentielle und instrumentelle Kriegführung bezeichnet den Gegensatz zwischen Kriegen, die um die eigene politische oder physische Identität beziehungsweise Existenz geführt werden gegenüber solchen, in denen »Interessen« mittels Gewaltanwendung verfolgt werden.

Gewaltmonopol Das alleinige Recht eines Staates zur legitimierten Gewaltausübung. Das staatliche Gewaltmonopol setzt die Entwaffnung der Bürger voraus und basiert auf dem Schutzversprechen des Staates vor Gewalt wie unberechtigter Gewaltausübung seitens des Staates selbst.

Kampf aller gegen alle Konstruktion eines gewaltsamen »Naturzustandes« der Menschen, mit dem Thomas Hobbes die Notwendigkeit des Überganges zu einem Gesellschaftsvertrag und die Übertragung aller Gewalt an einen obersten Souverän zur Verhinderung des Bürgerkrieges begründet.

Kombattanten und Nicht-Kombattanten Bezeichnung des Gegensatzes zwischen denjenigen, die Waffen tragen, selbst kämpfen und bekämpft werden dürfen (Kombattanten), gegenüber denen, die nicht am Kampf teilnehmen und von der Gewaltanwendung verschont werden sollen (Nicht-Kombattanten). Die Abgrenzung zwischen Kombattanten und Nicht-Kombattanten ermöglicht erst die Entstehung von zivilen Gesellschaften.

Low intensity conflicts bezeichnen eine nach dem Zweiten Weltkrieg weitverbreitete Kriegsform, in der es kaum entscheidende Schlachten gibt und in der das schwere Kriegsgerät von Armeen (Panzer, Artillerie, Kampfflugzeuge) nur selten Verwendung findet. Vielmehr handelt es sich um einen permanenten Kleinkrieg. Es wird geschätzt, dass in den *low-intensity-conflicts* seit dem Zweiten Weltkrieg bis zu 20 Millionen Menschen gestorben sind.

Neue Kriege Begriff für zumeist nicht-staatliche Kriege nach dem Epochenjahr 1989, die gekennzeichnet sind durch *state failure*, dem Zerfall von Staaten hauptsächlich in der Dritten Welt, sowie der Verselbständigung der Gewalt in Gewaltmärkten und Bürgerkriegsökonomien. Ursprünglich wurde dieser Begriff als Verallgemeinerung des Staatszerfalls und des Aufbaus von neuen Nationalstaaten des ehemaligen Jugoslawiens entwickelt.

Revolution in Military Affairs Entwicklung technologischer Neuerungen, die die Kriegführung grundlegend verändern. Ihre wesentlichen Kennzeichen sind die nahezu zeitverlustfreie Integration des ganzen Schlachtfeldes zu einem riesigen »Computerspiel« durch Mensch-Maschine-Systeme, die militärische Nutzung des Weltraums, »intelligente« Waffensysteme sowie Nutzung modernster Informationstechnologien.

Staatenkriege sind gekennzeichnet durch eine besondere Dialektik. Auf der einen Seite ermöglichte diese Kriegform eine weitgehende und historisch einmalige Begrenzung der Gewalt innerhalb Europas zwischen dem Dreißigjährigen Krieg und der Französischen Revolution. Auf der anderen Seite wurde der Krieg durch die Monopolisierung der

Gewalt in den modernen Nationalstaaten tendenziell total, wie sich vor allem im Ersten und Zweiten Weltkrieg zeigte.

State Failure Scheitern und Zerfall von Staaten, vor allem in Schwarzafrika (Somalia, Sierra Leone, Zaire) durch innere Kriege.

Totaler Krieg umfasst den mit der Französischen Revolution beginnenden Prozess der historischen Totalisierung des Krieges und dabei insbesondere die Einbeziehung der ganzen Nation in die Kriegführung (die mit einer Ideologisierung verbunden ist), die Industrialisierung der Kriegführung sowie die Disziplinierung der Soldaten.

Wunderliche Dreifaltigkeit Mit diesem Begriff fasst Clausewitz seine Überlegungen zur Theorie des Krieges zusammen. Die »Dreifaltigkeit« besteht aus der ursprünglichen Gewaltsamkeit des Krieges, dem Spiel der Wahrscheinlichkeiten und des Zufalls sowie der untergeordneten Natur des Krieges als eines politischen Werkzeuges. In unserer Interpretation sind diese drei Tendenzen diejenigen von Gewalt, Kampf und dem Primat der Politik, aus denen für Clausewitz jeder Krieg zusammengesetzt ist.

Campus Einführungen

Campus hat seiner bekannten Einführungsreihe sowohl ein neues Gesicht gegeben als auch ein inhaltlich neues Konzept. Klar und verständlich führen die Bände in unterschiedliche Denkrichtungen, Themen oder das Werk einzelner Denker und Denkerinnen aus Philosophie, Politik, Gesellschaft und Wirtschaft ein.
Das übersichtliche Layout der Reihe »Campus Einführungen« erleichtert die Lektüre; jeder Band enthält: Biografie, Wirkungsgeschichte, Glossar, Zeittafel, kommentierte Literatur und weiterführende Webadressen.

Andreas Herberg-Rothe
Der Krieg
Geschichte und Gegenwart
2003. 154 Seiten · ISBN 3-593-37236-3

Paula-Irene Villa
Judith Butler
2003. 160 Seiten · ISBN 3-593-37187-1

Klaus Müller
Globalisierung
2002. 177 Seiten · ISBN 3-593-36829-3

Thomas Schramme
Bioethik
2002. 160 Seiten · ISBN 3-593-37138-3